東 京 幻 想 作 品 集 Ⅱ

TOKYO GENSO ART WORKS Ⅱ

芸術新聞社

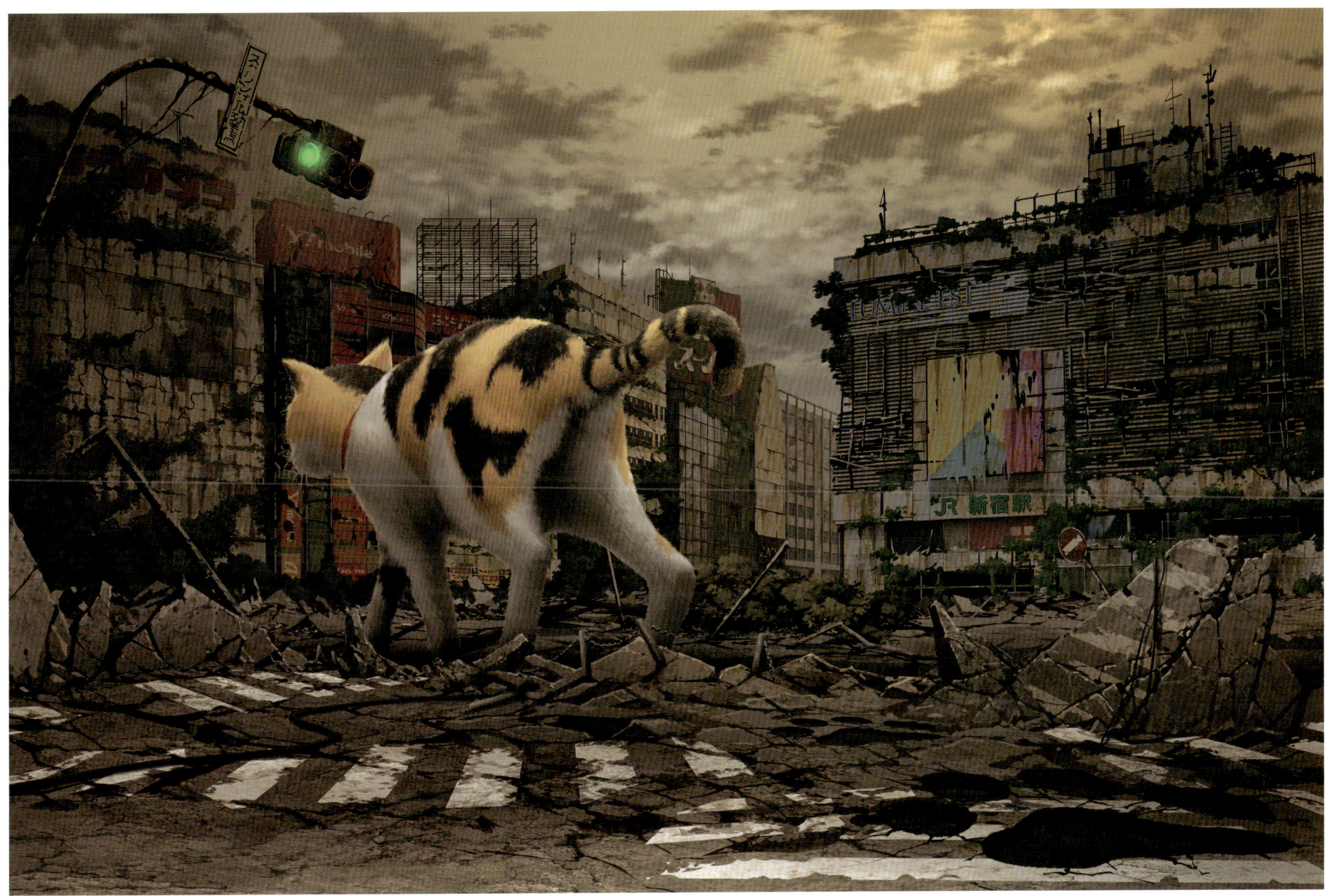
Y!mobile
LUMINE EST
JR 新宿駅

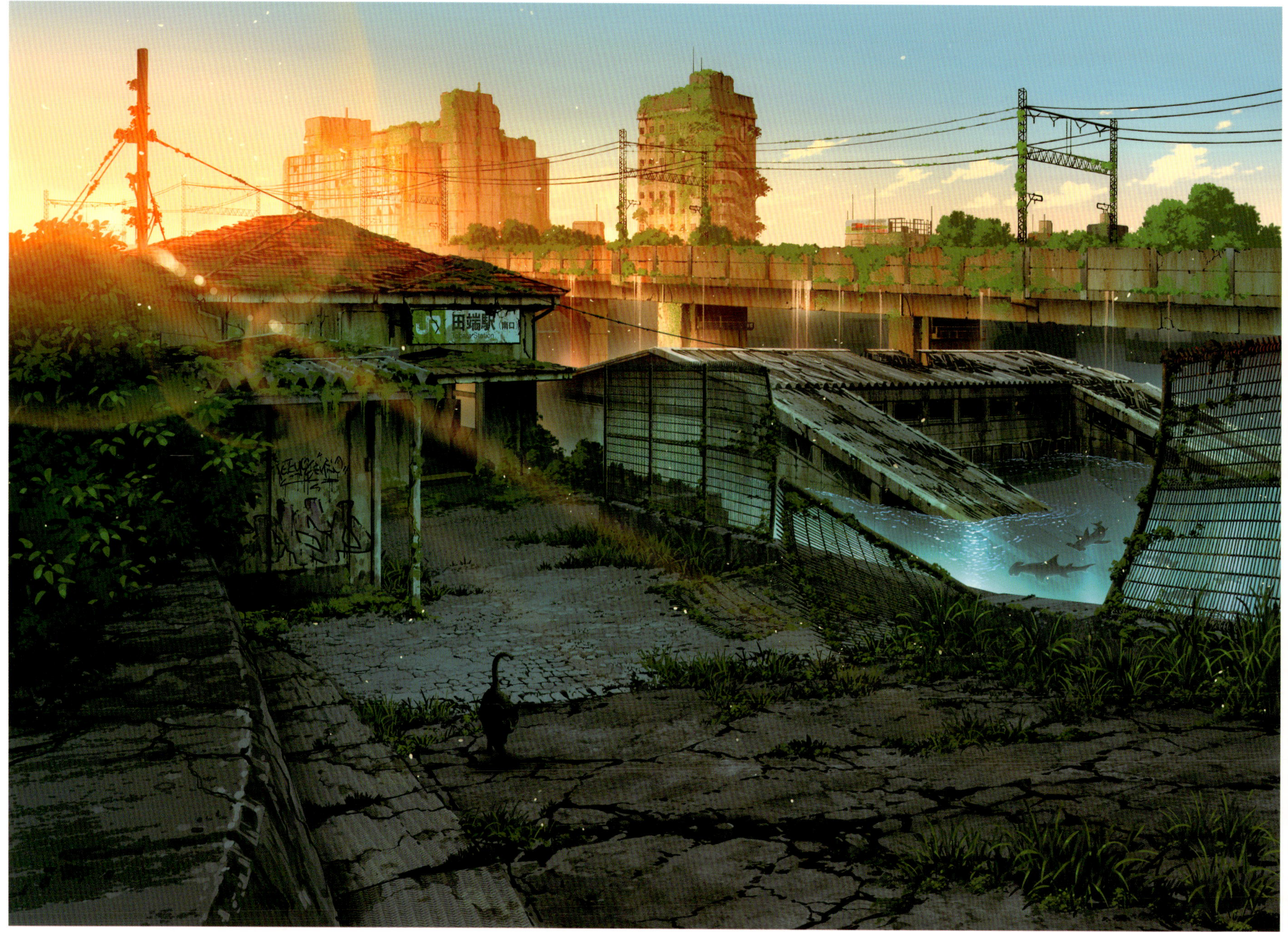
JR 田端駅（南口）
Tabata Station

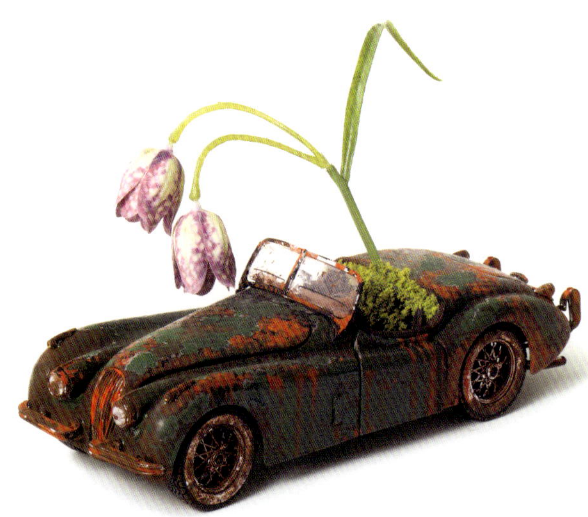

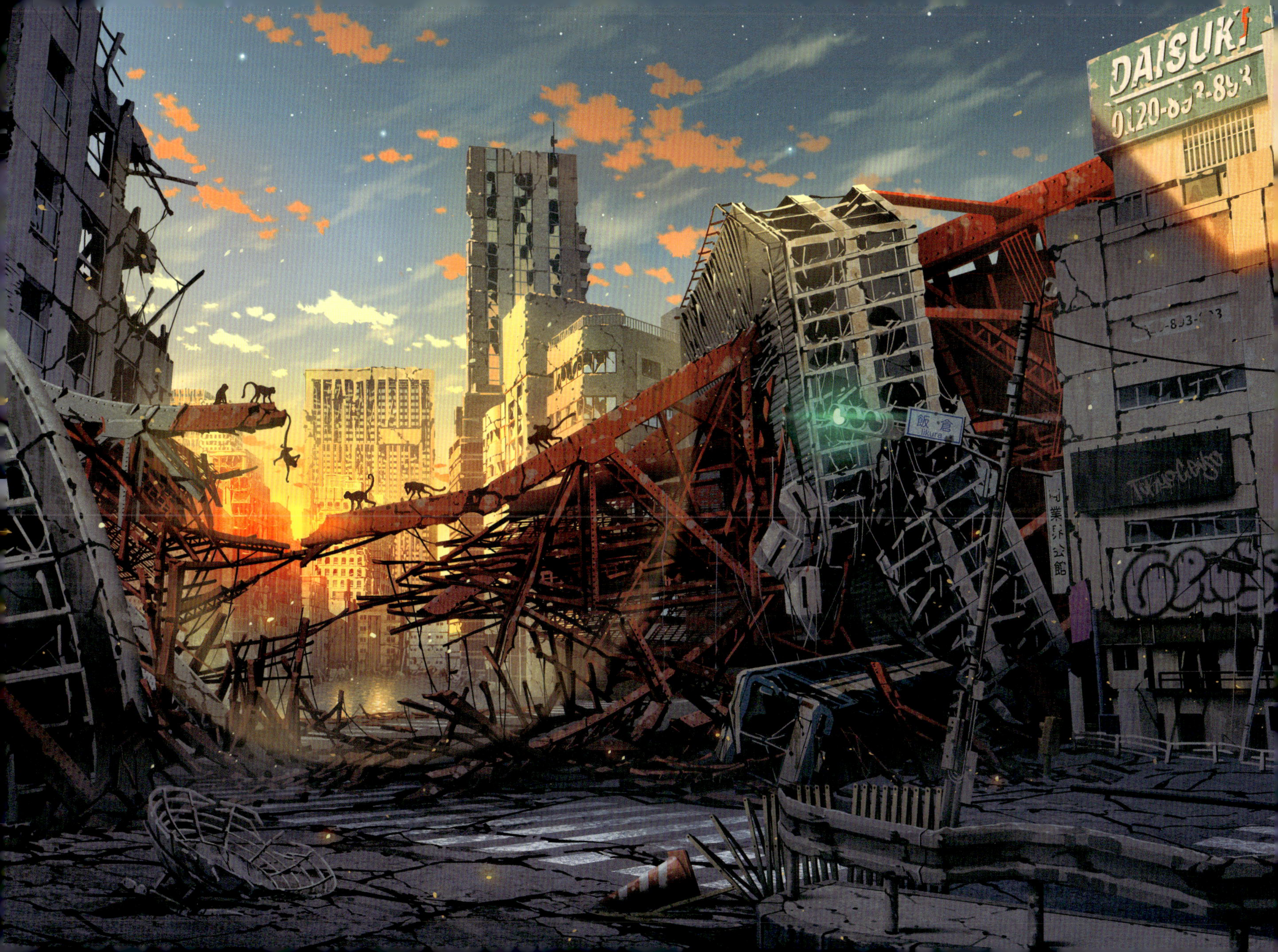
DAISUKI
0120-89?-89?
飯倉
Iikura
工業公館

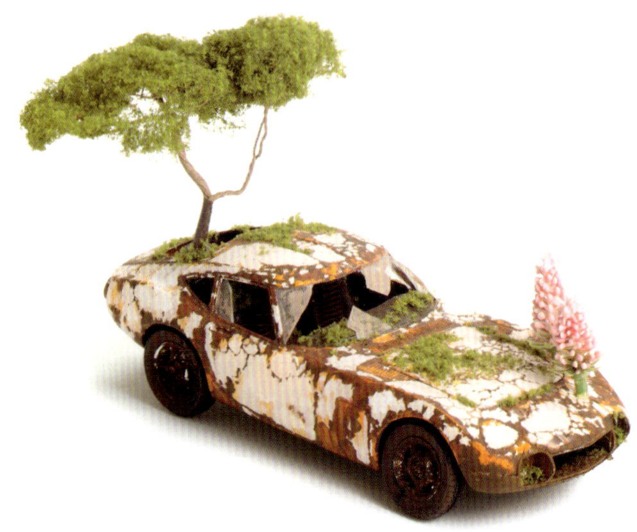

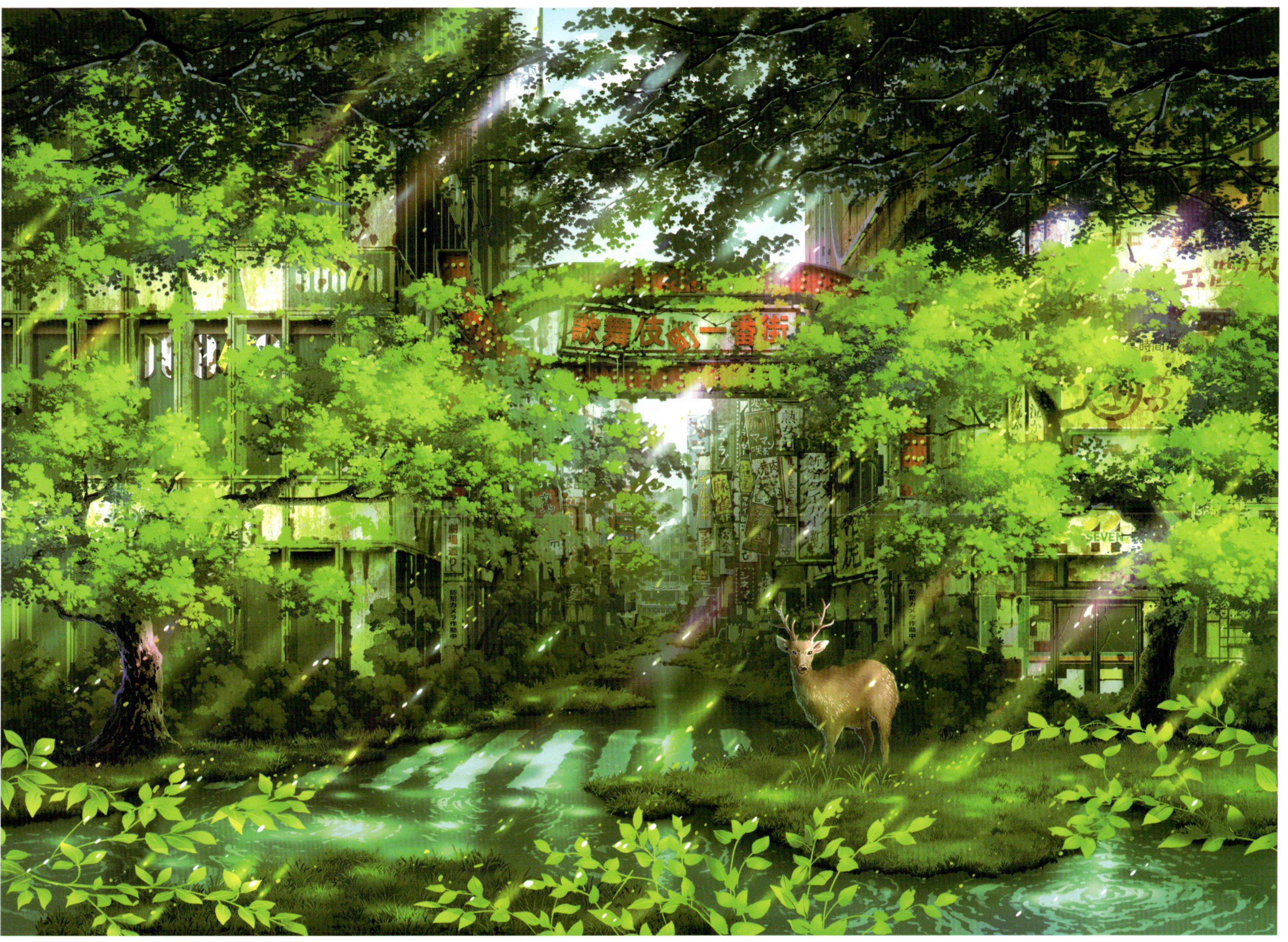

歌舞伎町一番街
SEVEN

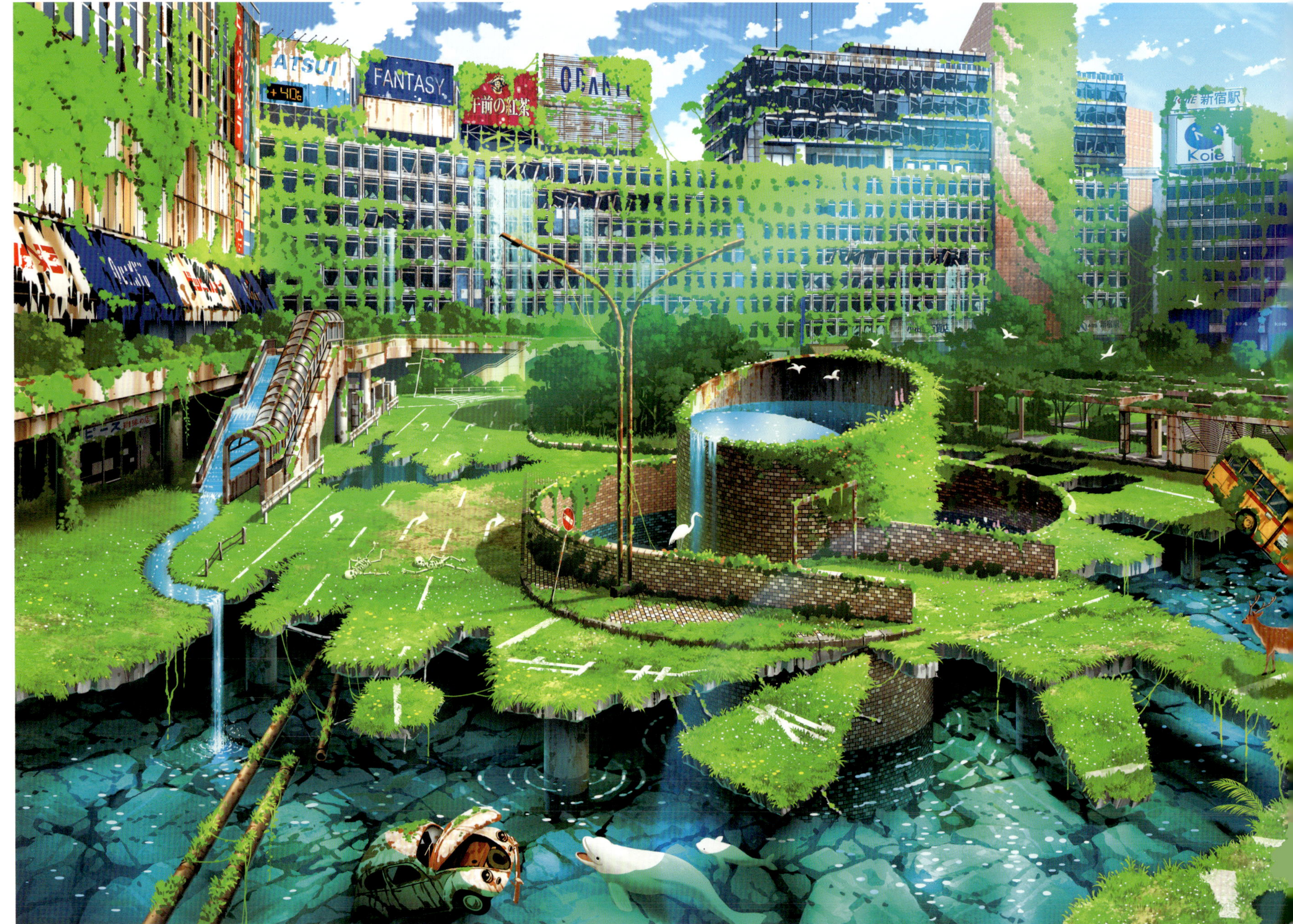
Atsui
+40℃
FANTASY
午前の紅茶
OCARI
KOiE 新宿駅
Koie

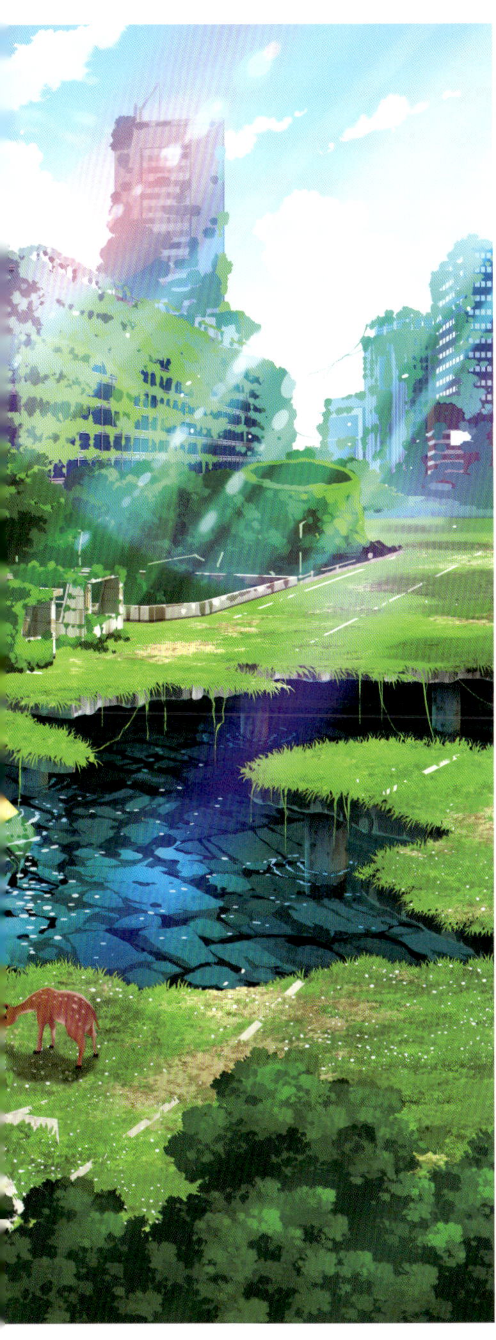

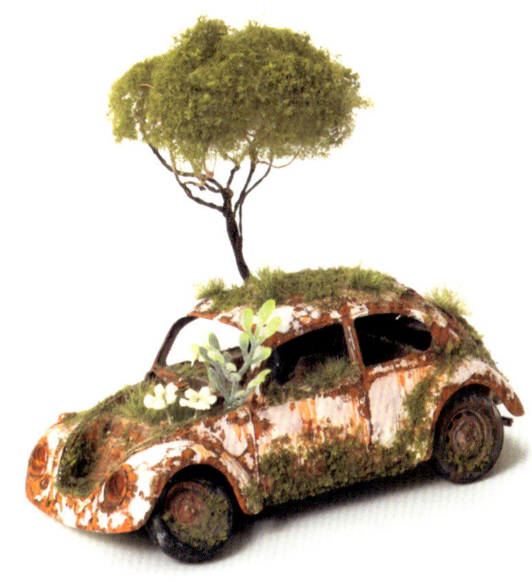

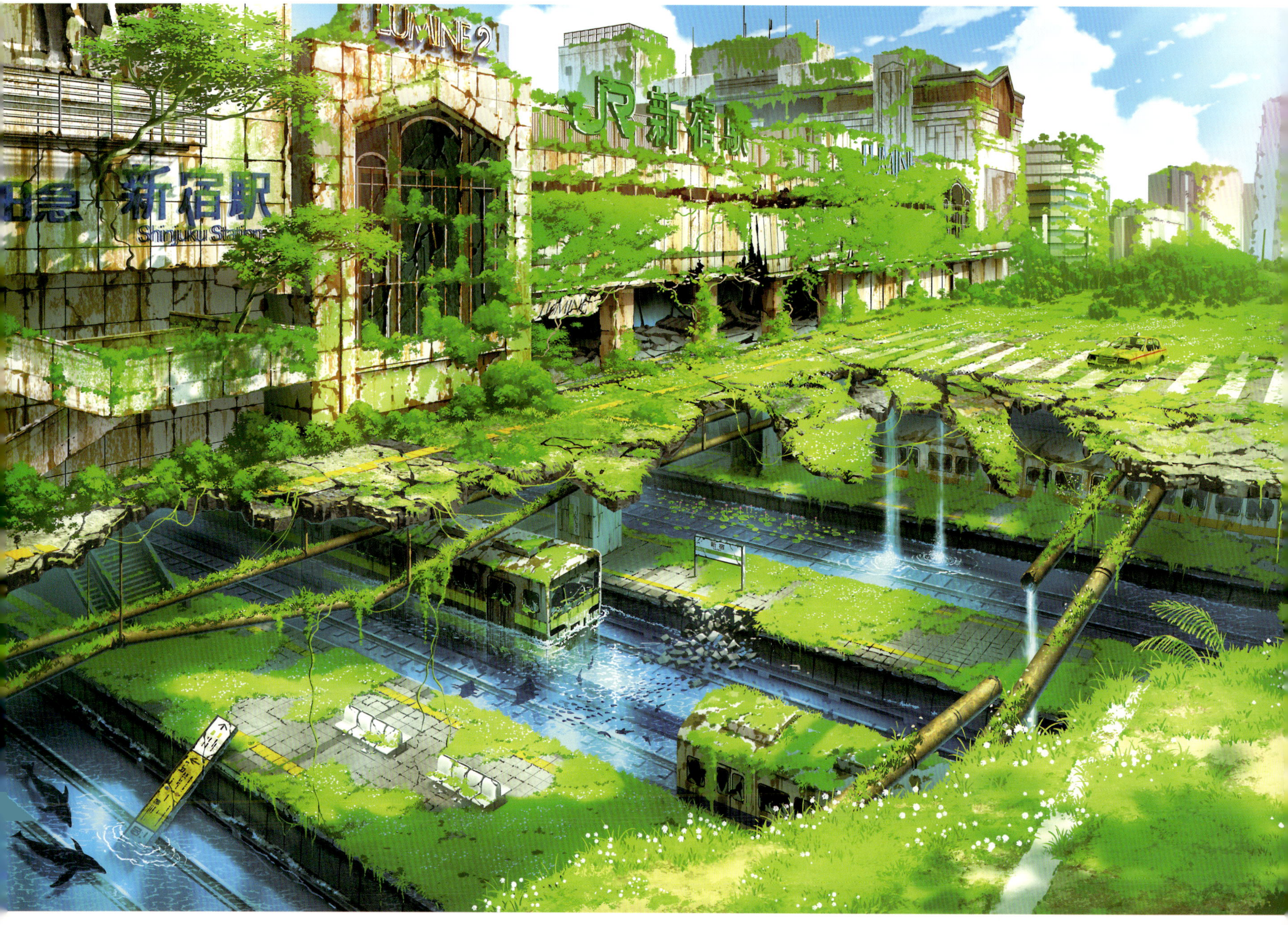

LUMINE 2
JR 新宿駅
LUMINE
小田急 新宿駅
Shinjuku Station

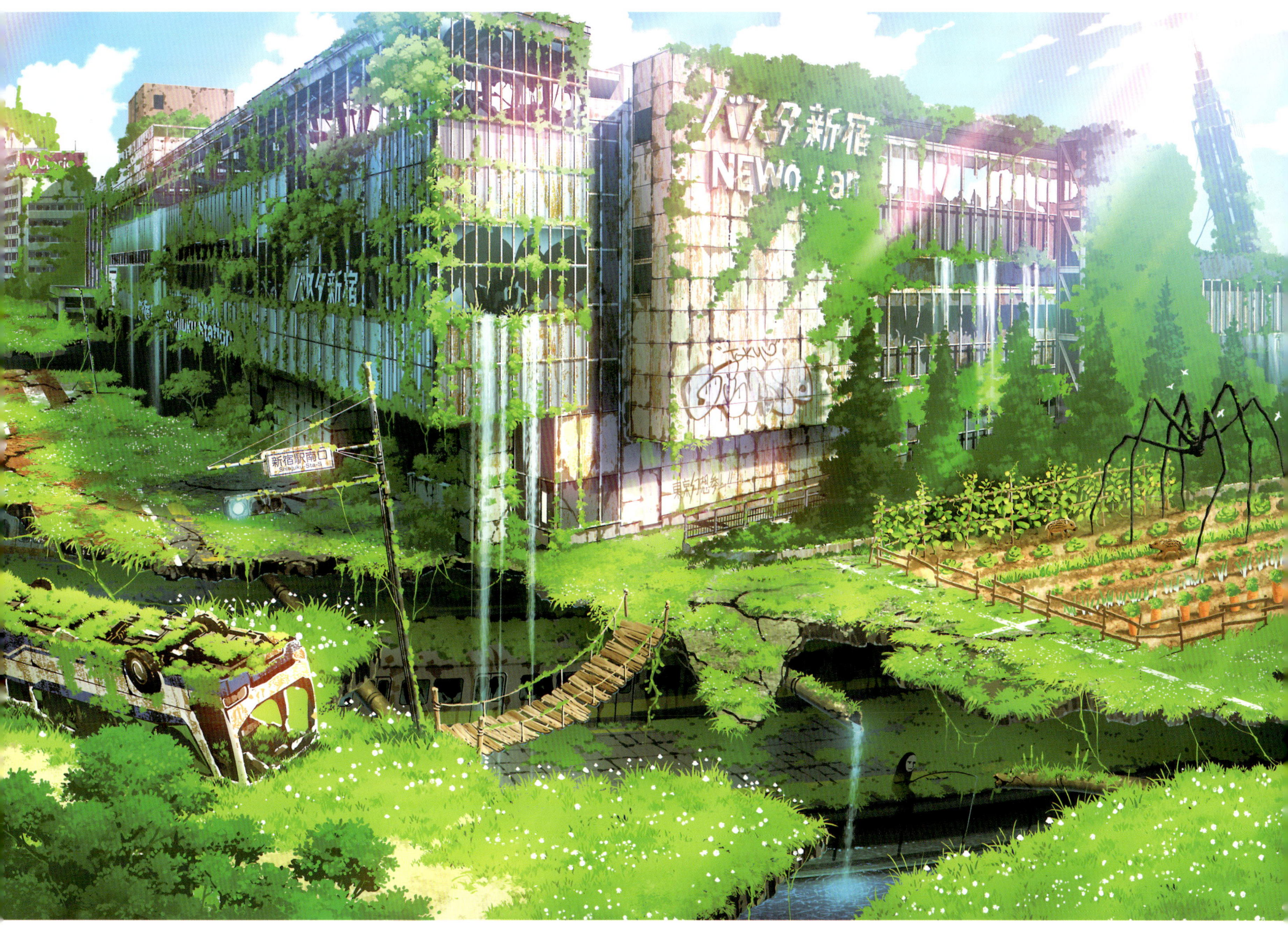
Victoria
バスタ新宿
NEWoMan
バスタ新宿
新宿駅南口
Shinjuku Sta.S.
Shinjuku Station

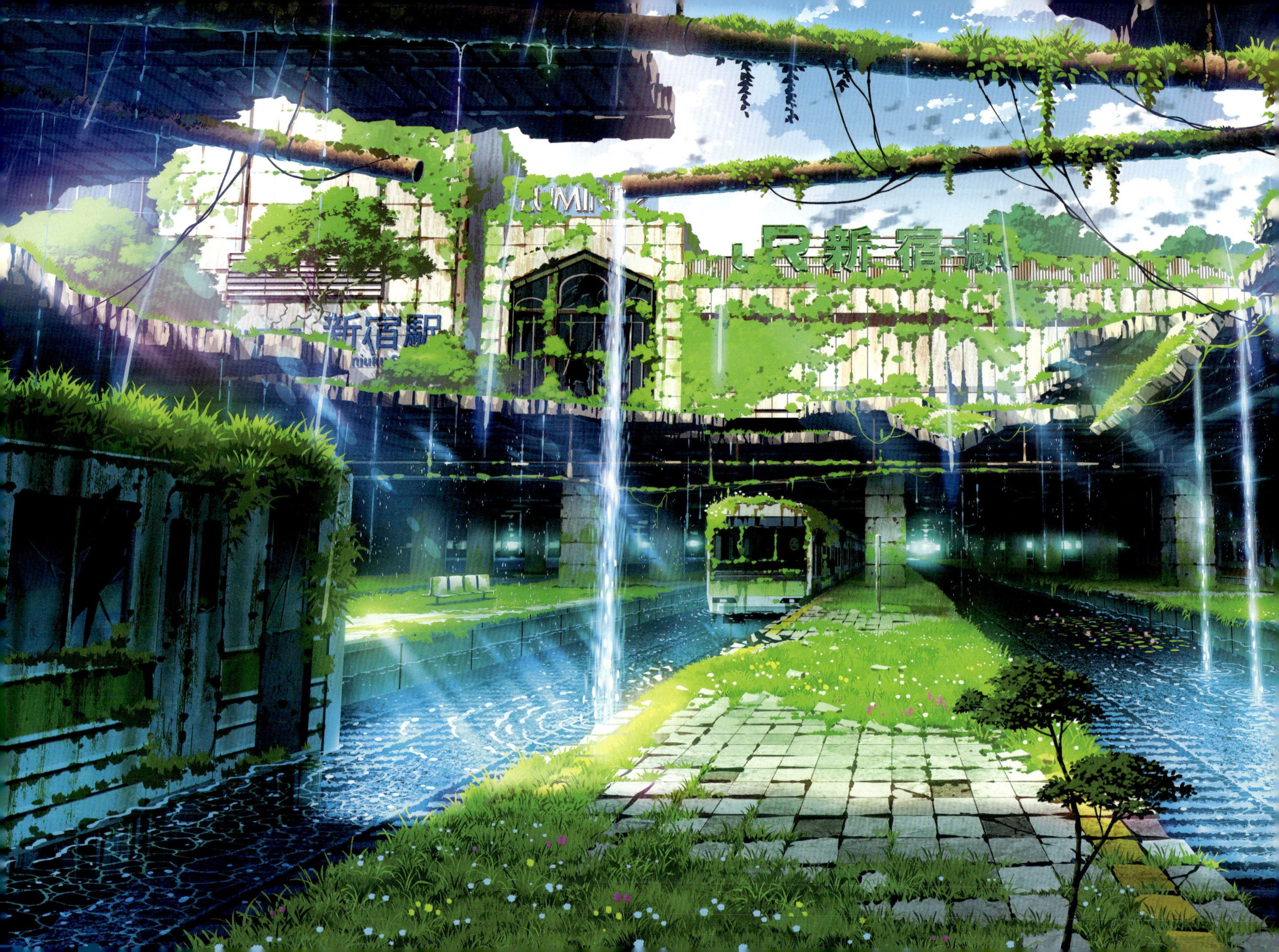
JR 新宿駅
新宿駅
niuku S

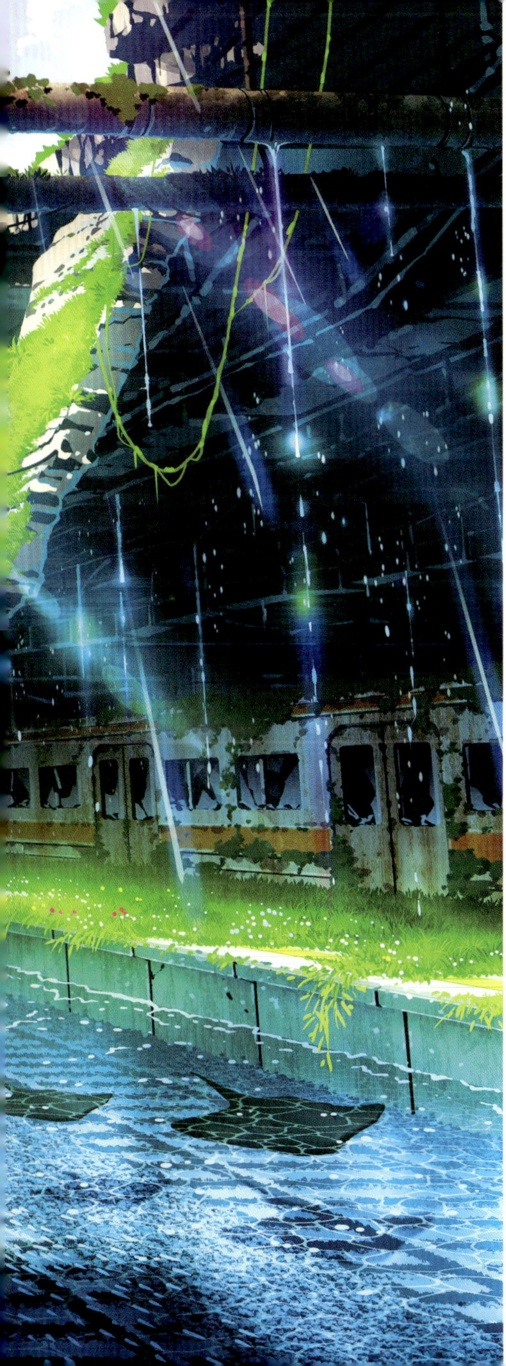

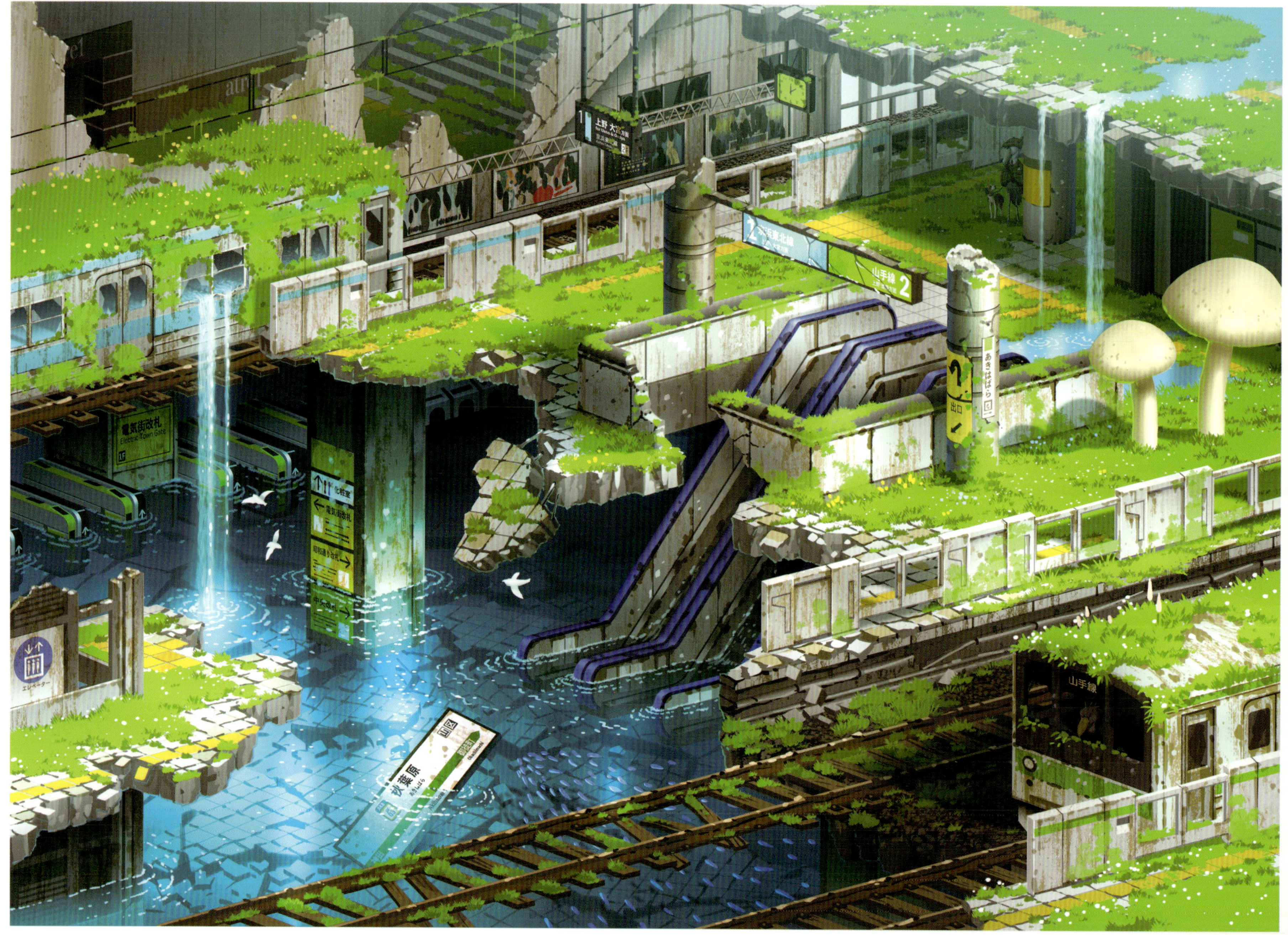

上野 大
Ueno
京浜東北線
電気街改札
Electric Town Gate
化粧室
電気街改札
総武線乗り換え
中央線
京浜東北線
山手線 2
出口
あきはばら 圓
山手線
秋葉原
Akihabara
エレベーター

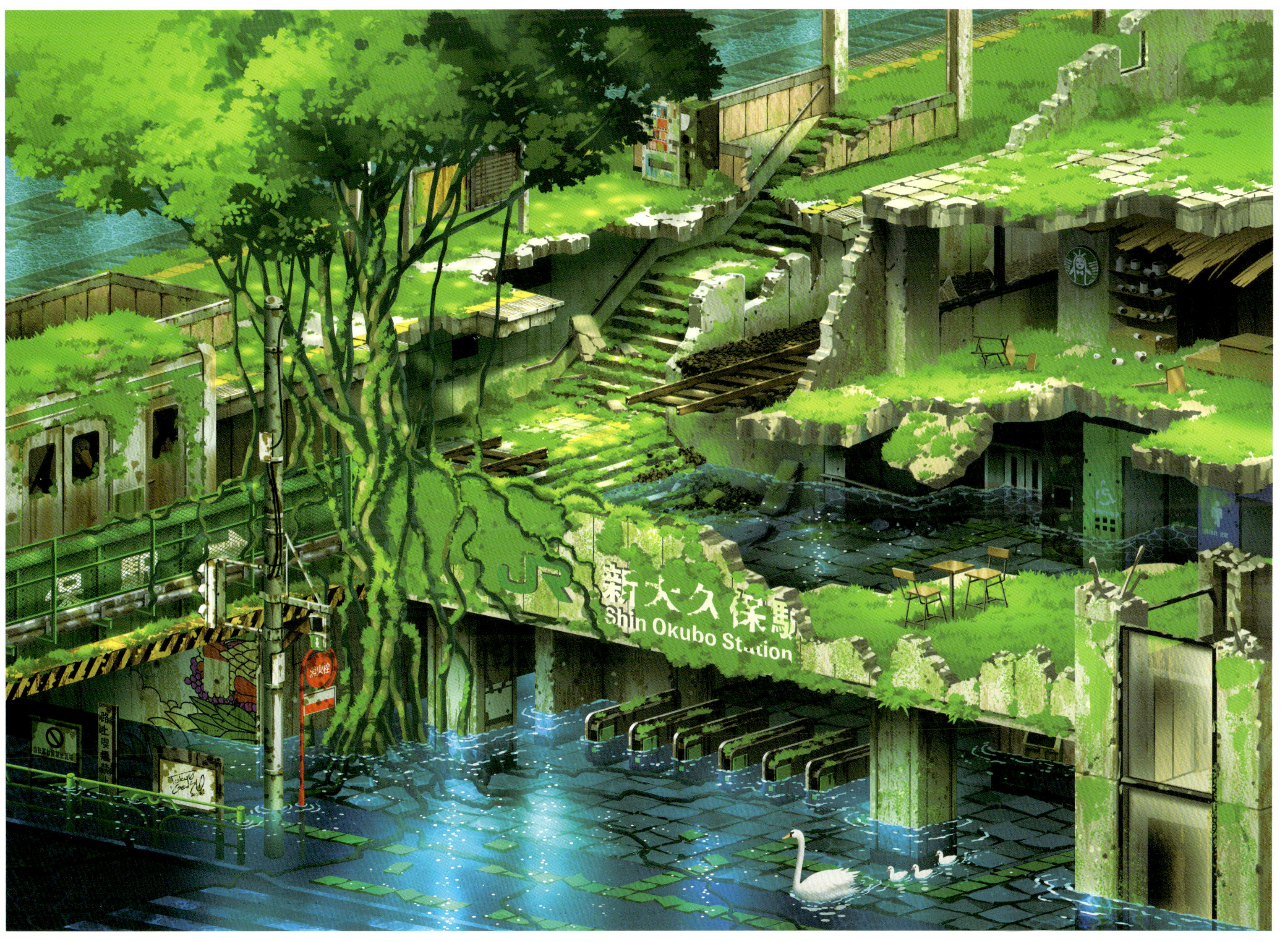

JR
新大久保駅
Shin Okubo Station

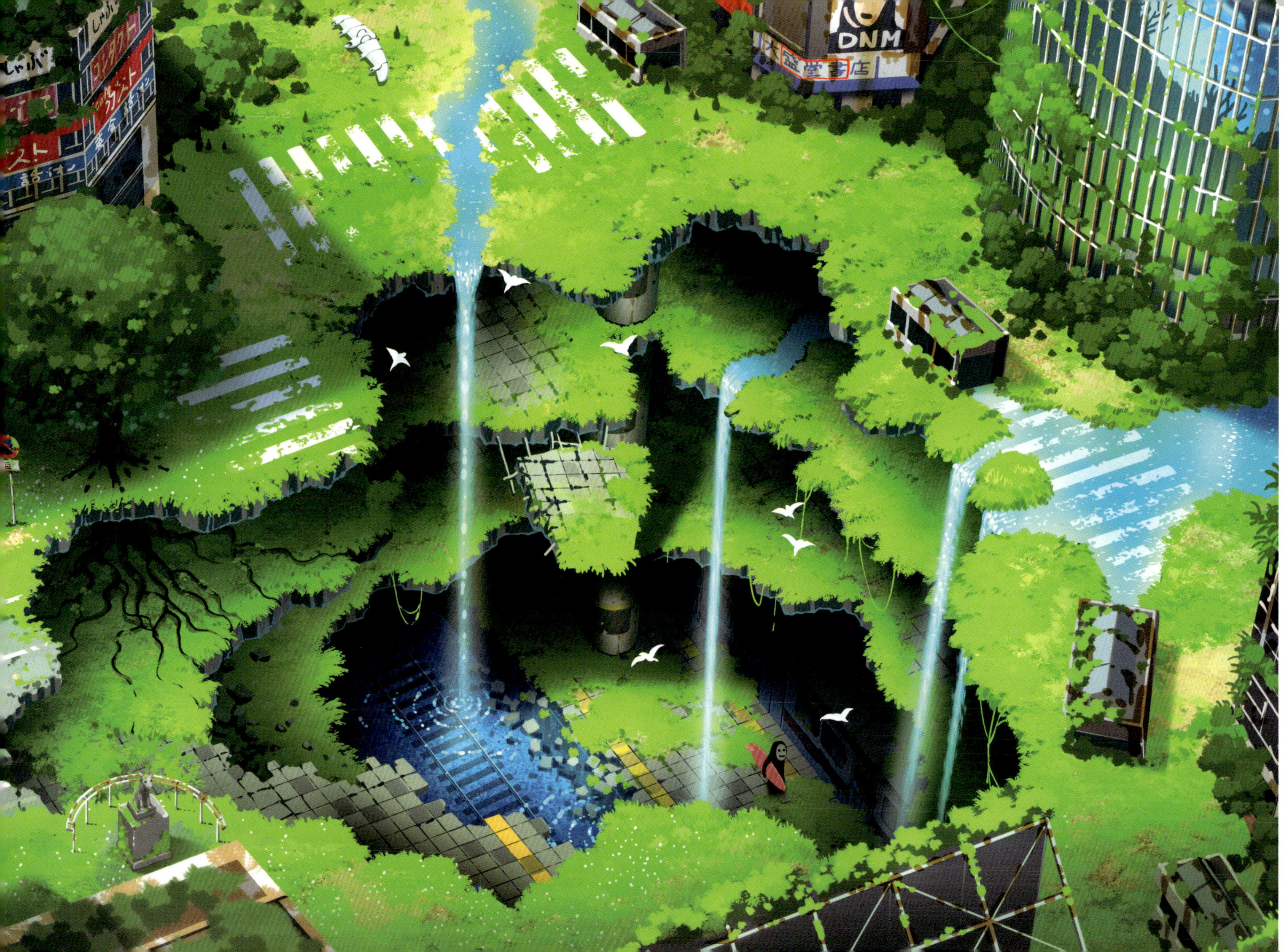
しゃぶ
しゃぶ
コンタクト
ベスト
大盛堂書店
DNM

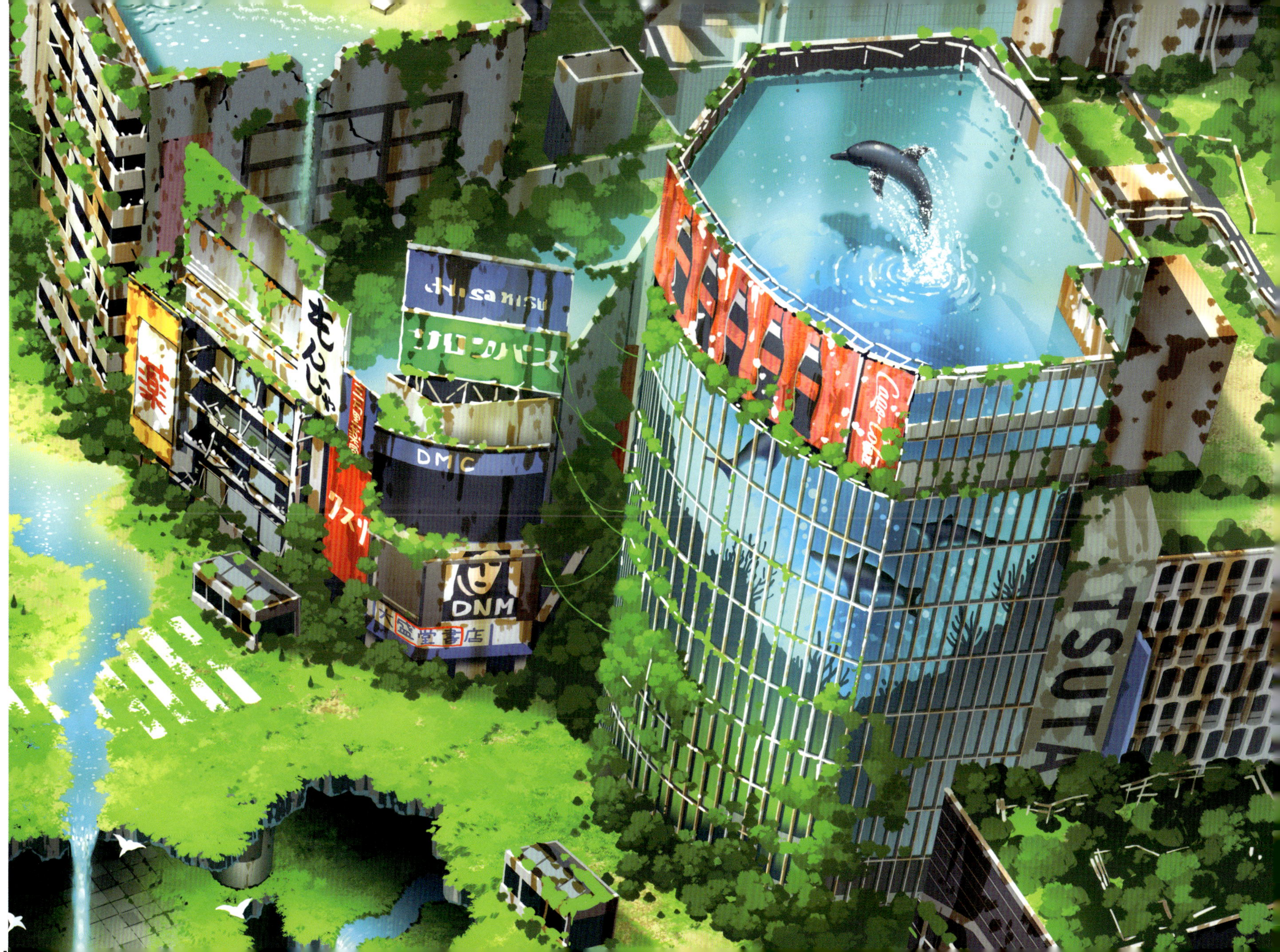

菓
もんじゃ
クスリ
chu sa nisu
DMC
DNM
堂書店
Coca-Cola
TSUTA

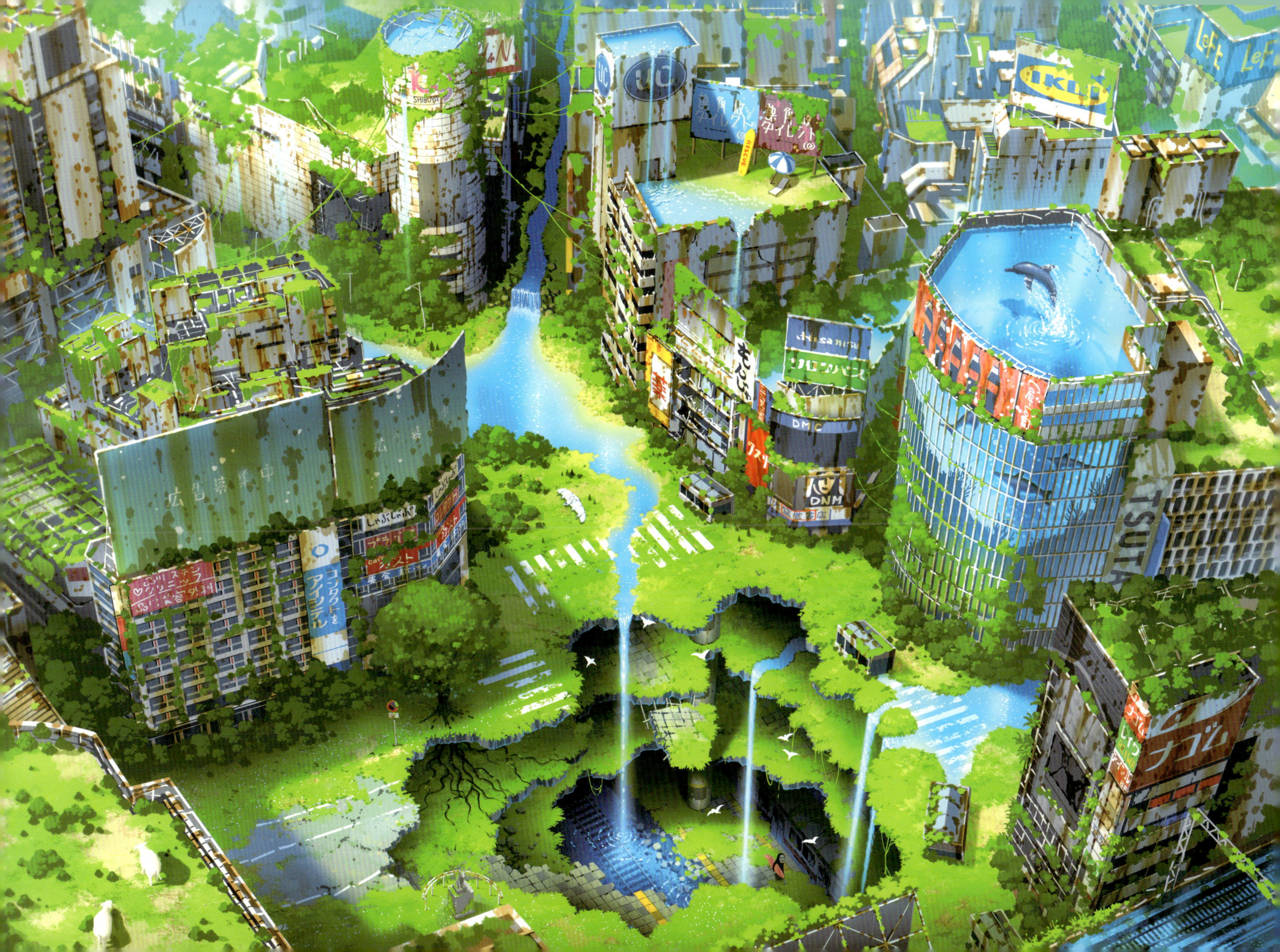

IKEA
SHIBUYA
TSUTAYA
DMC
DNH
RECYCLE
広告募集中

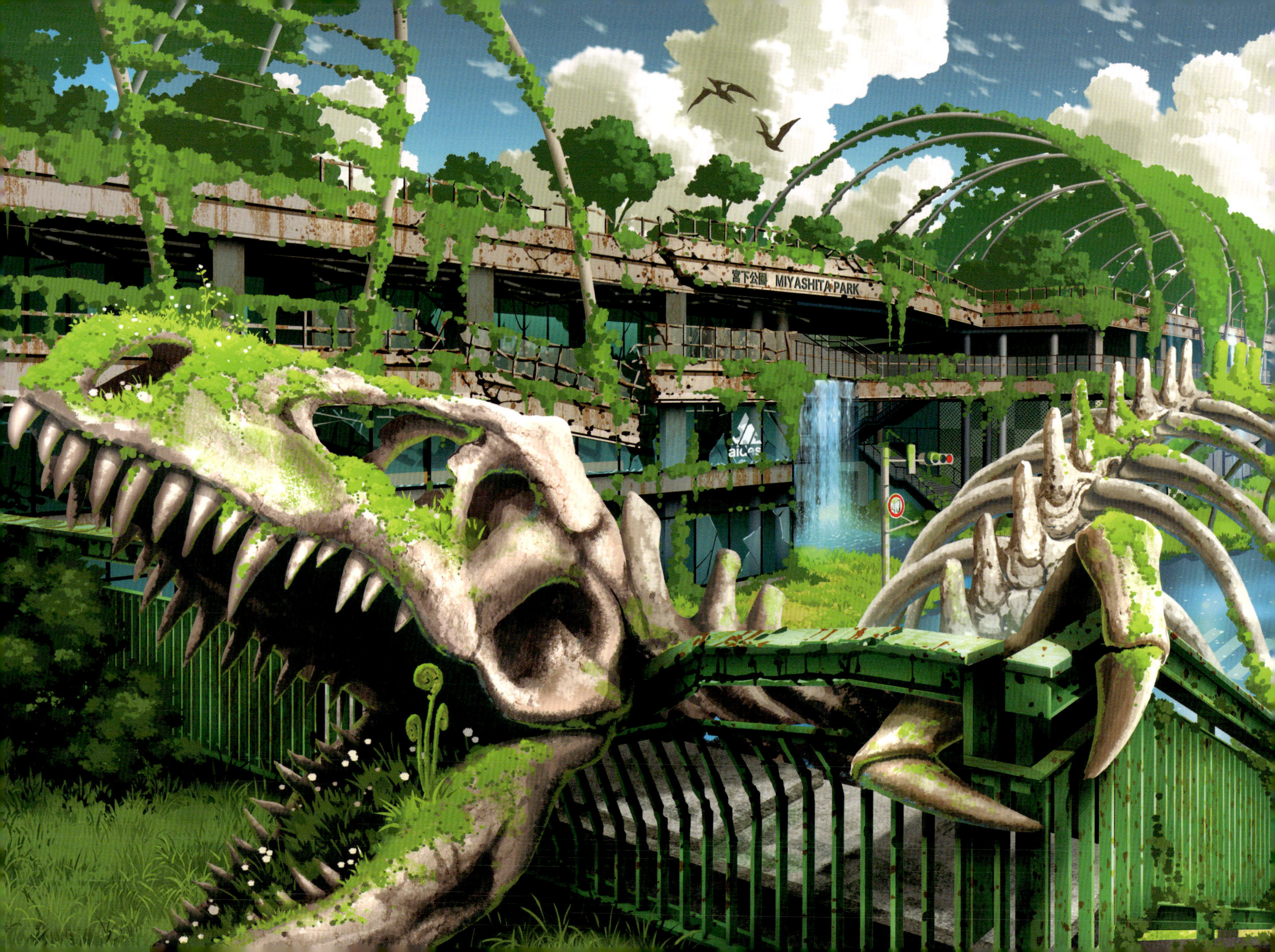
宮下公園　MIYASHITA PARK

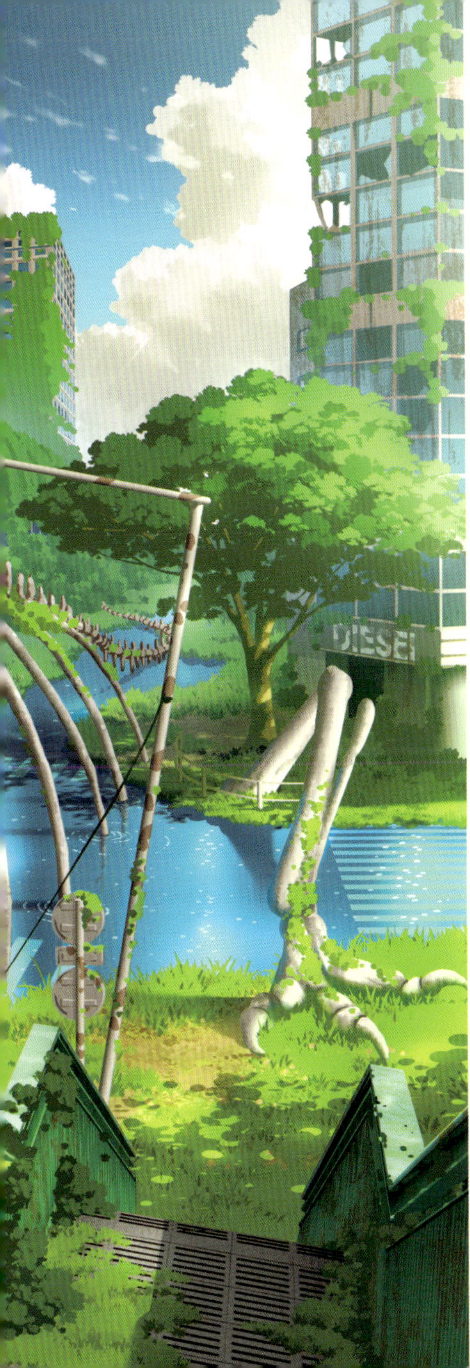

DIESEL

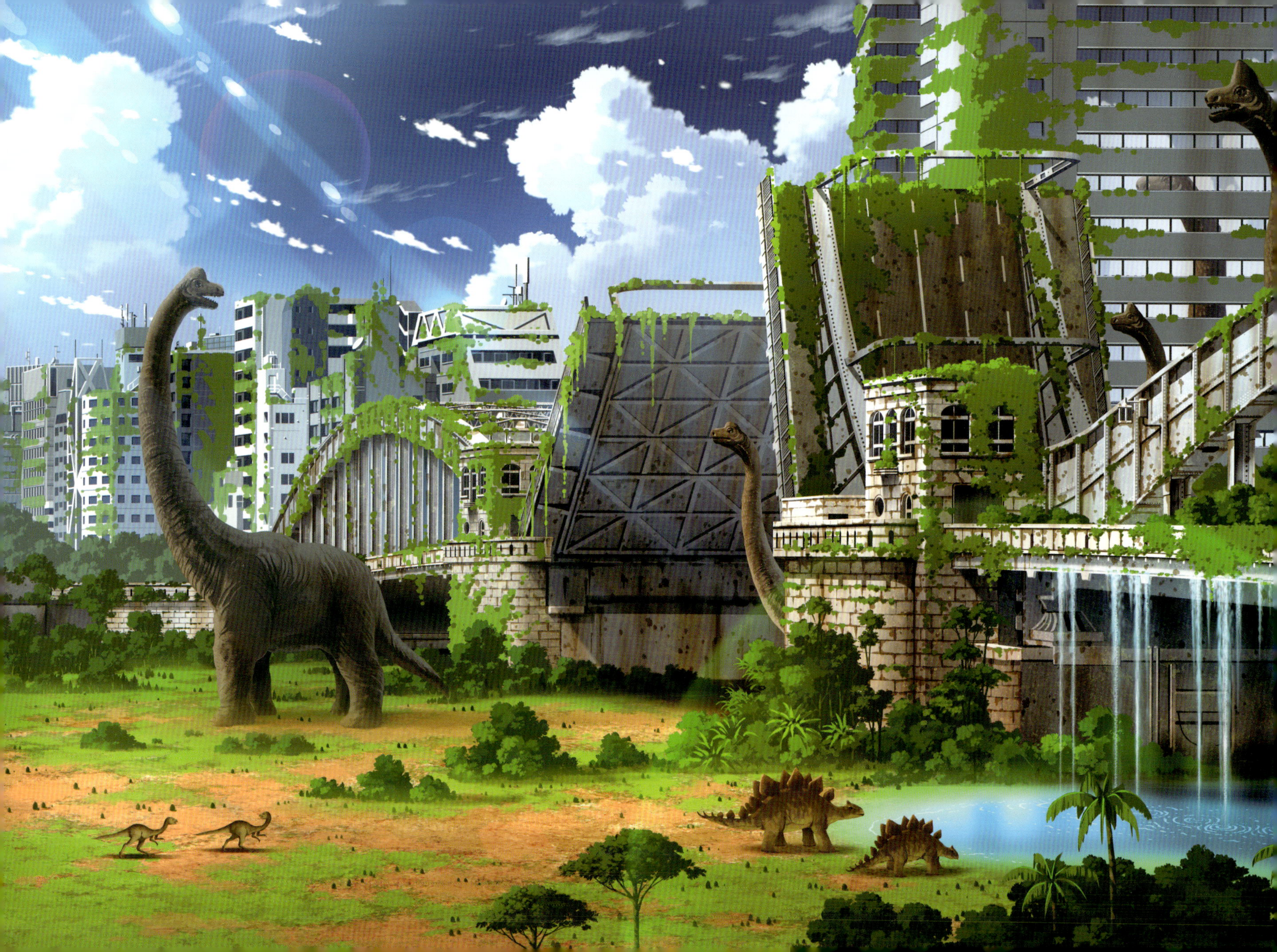

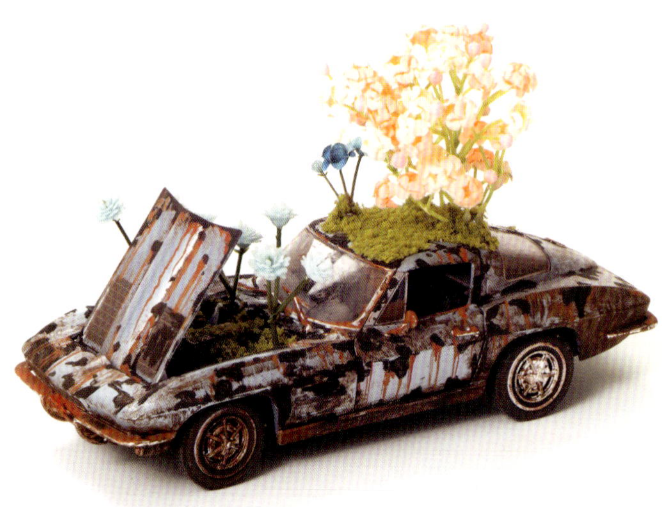

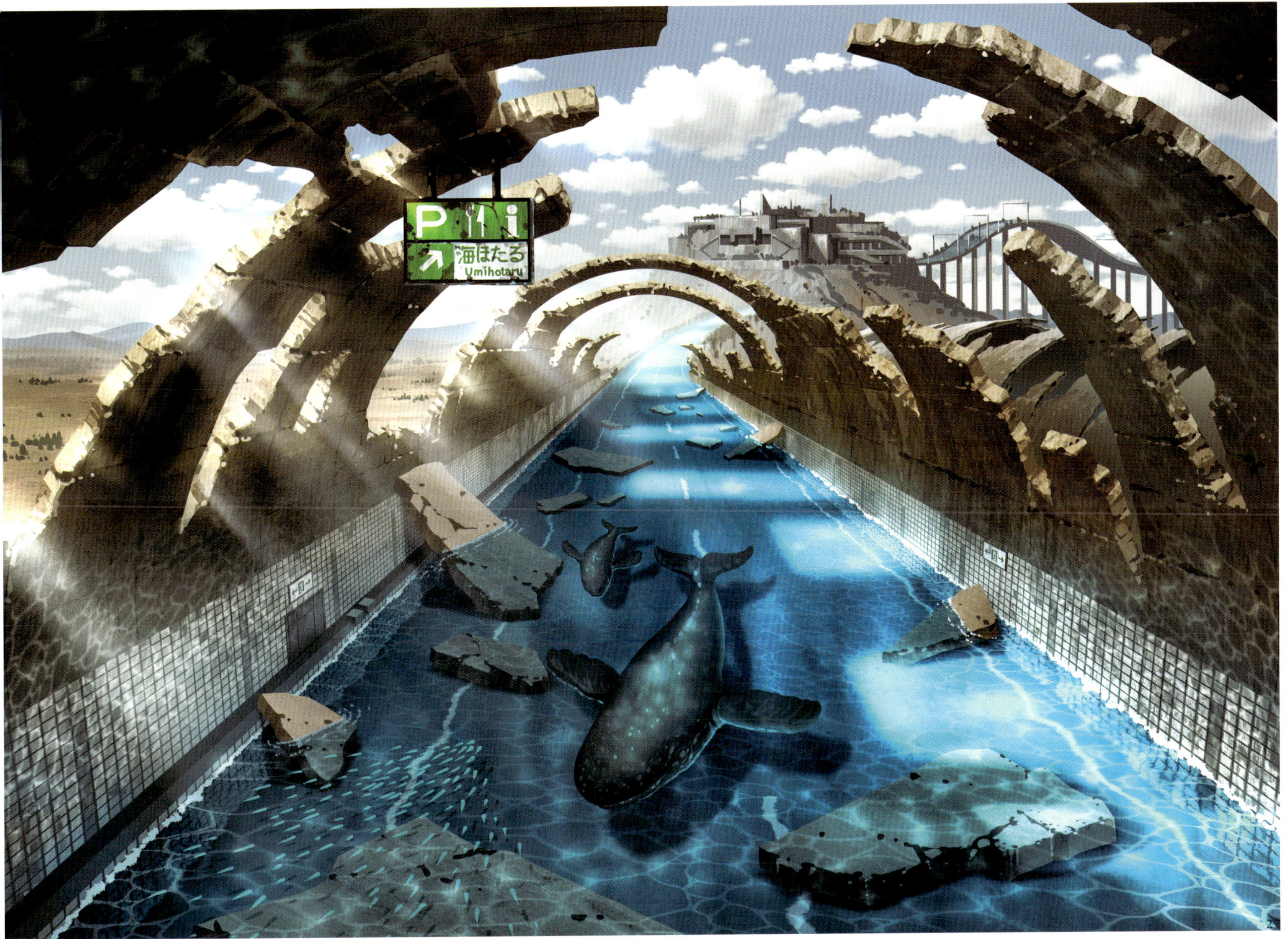

P
海ほたる
Umihotaru

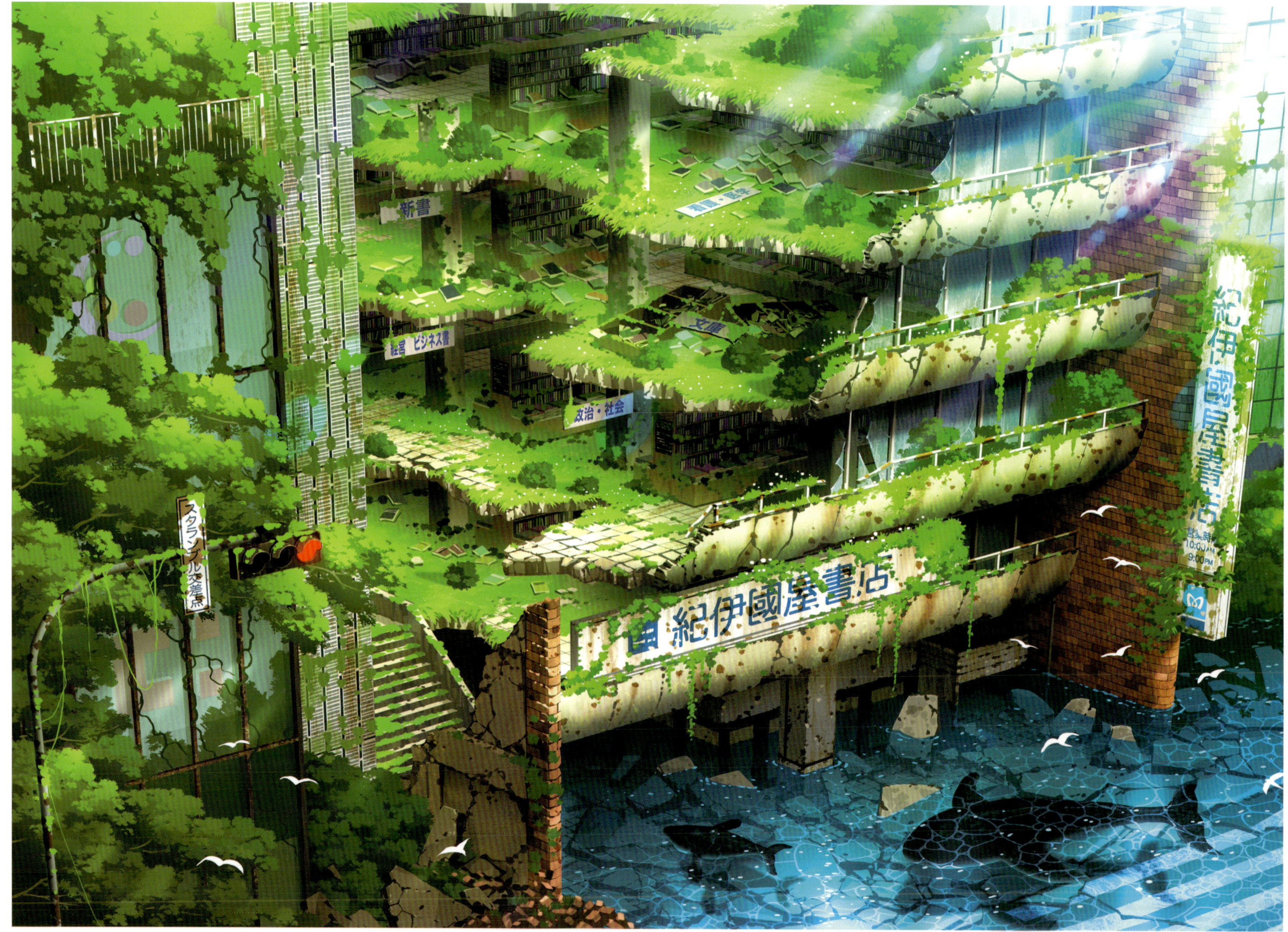
新書
趣味・医学
文庫
転居　ビジネス書
政治・社会
スクランブル交差点
紀伊國屋書店
紀伊國屋書店
営業時間
10:00AM
9:00PM

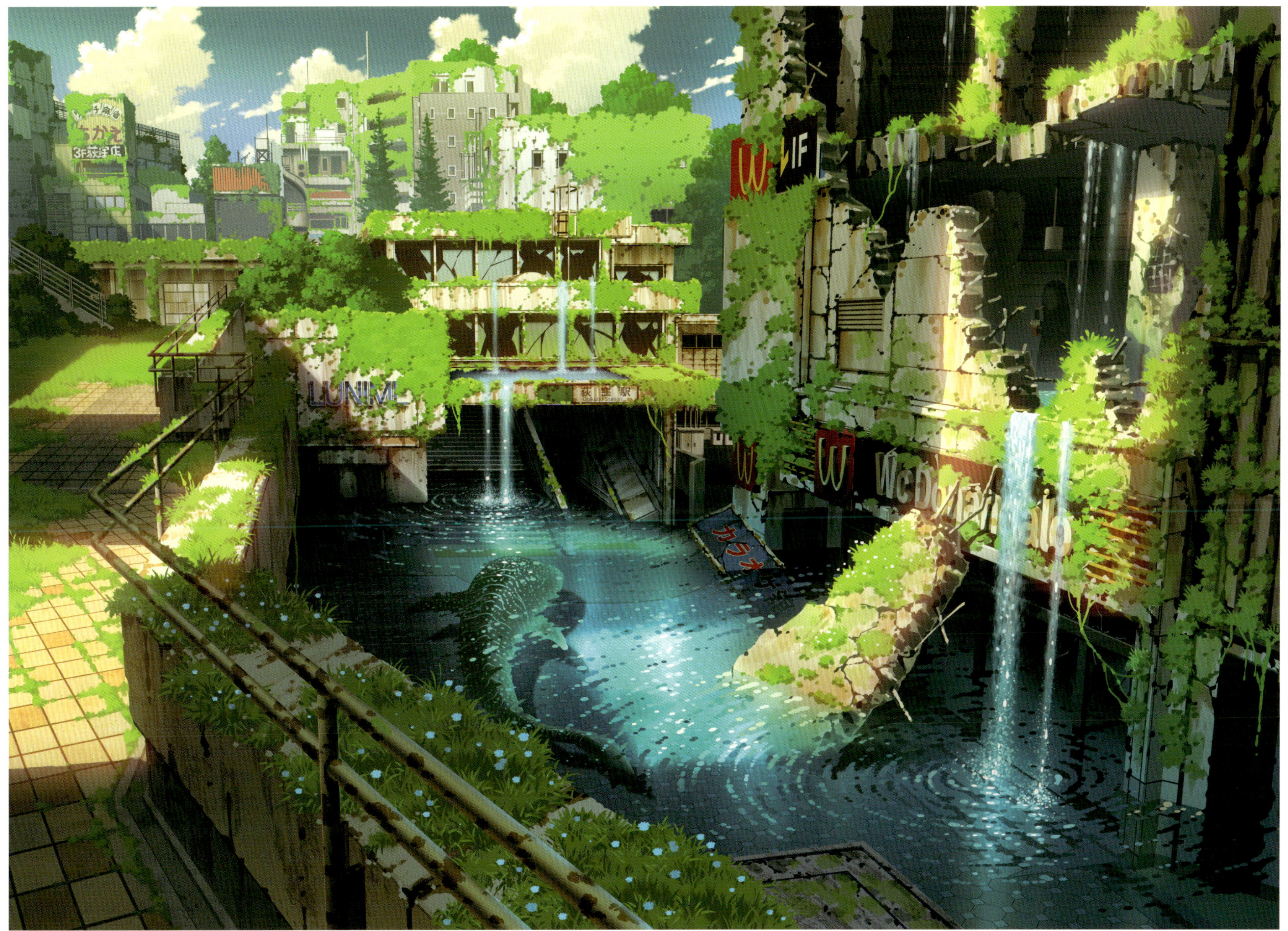
3F荻津店
LUNIML
荻窪駅
1F
WcDo
カラオ

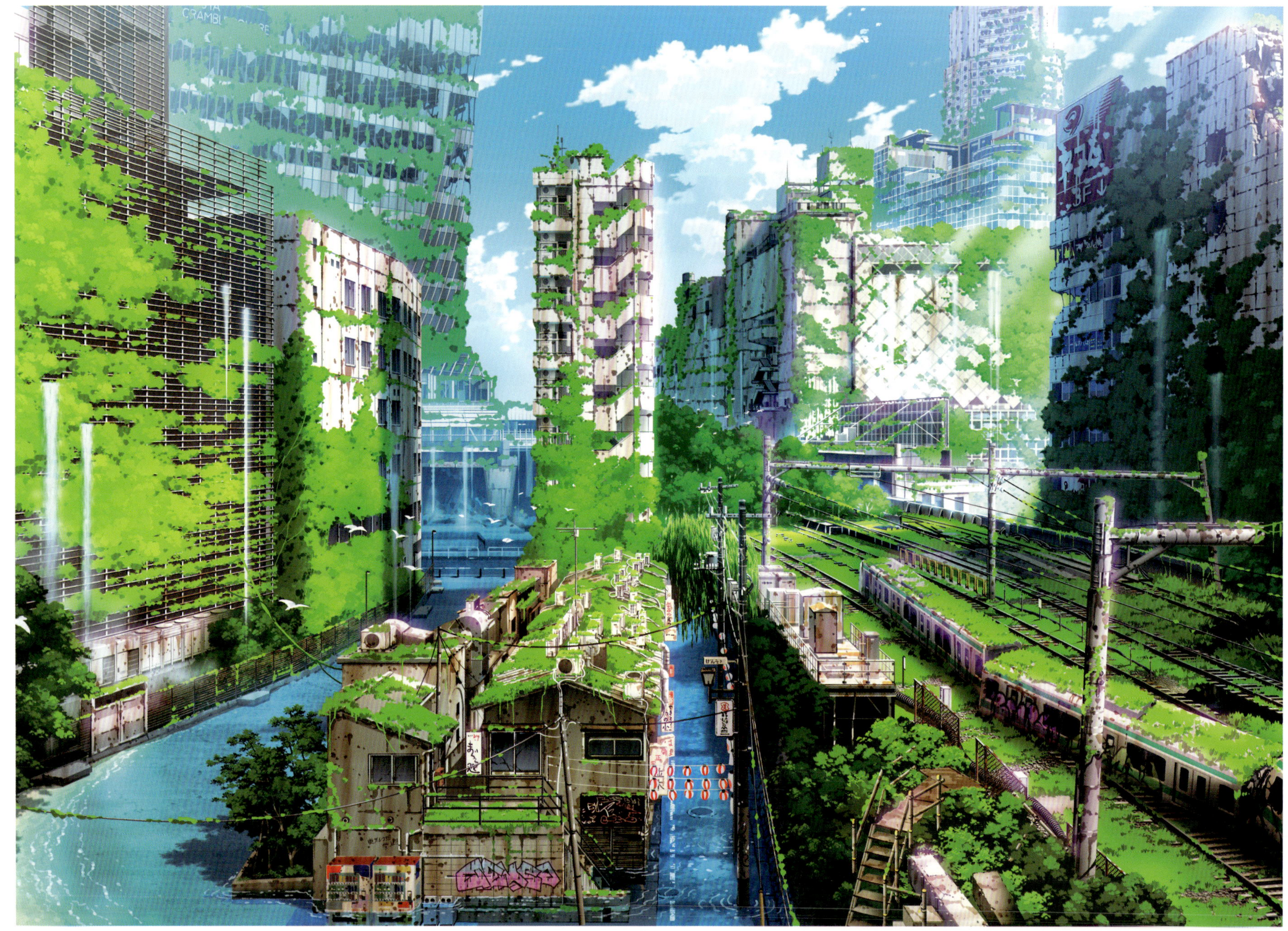

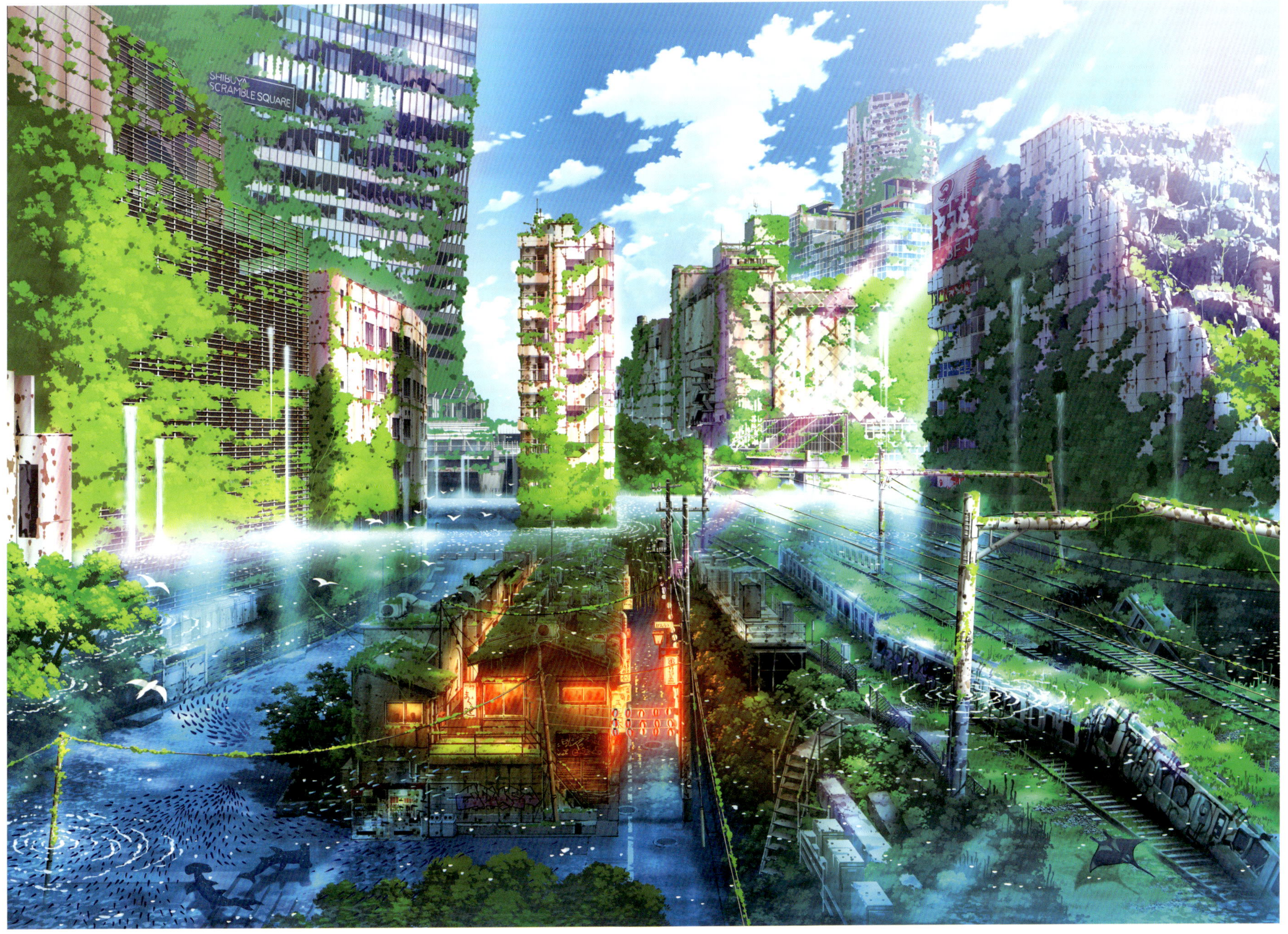
SHIBUYA
SCRAMBLE SQUARE

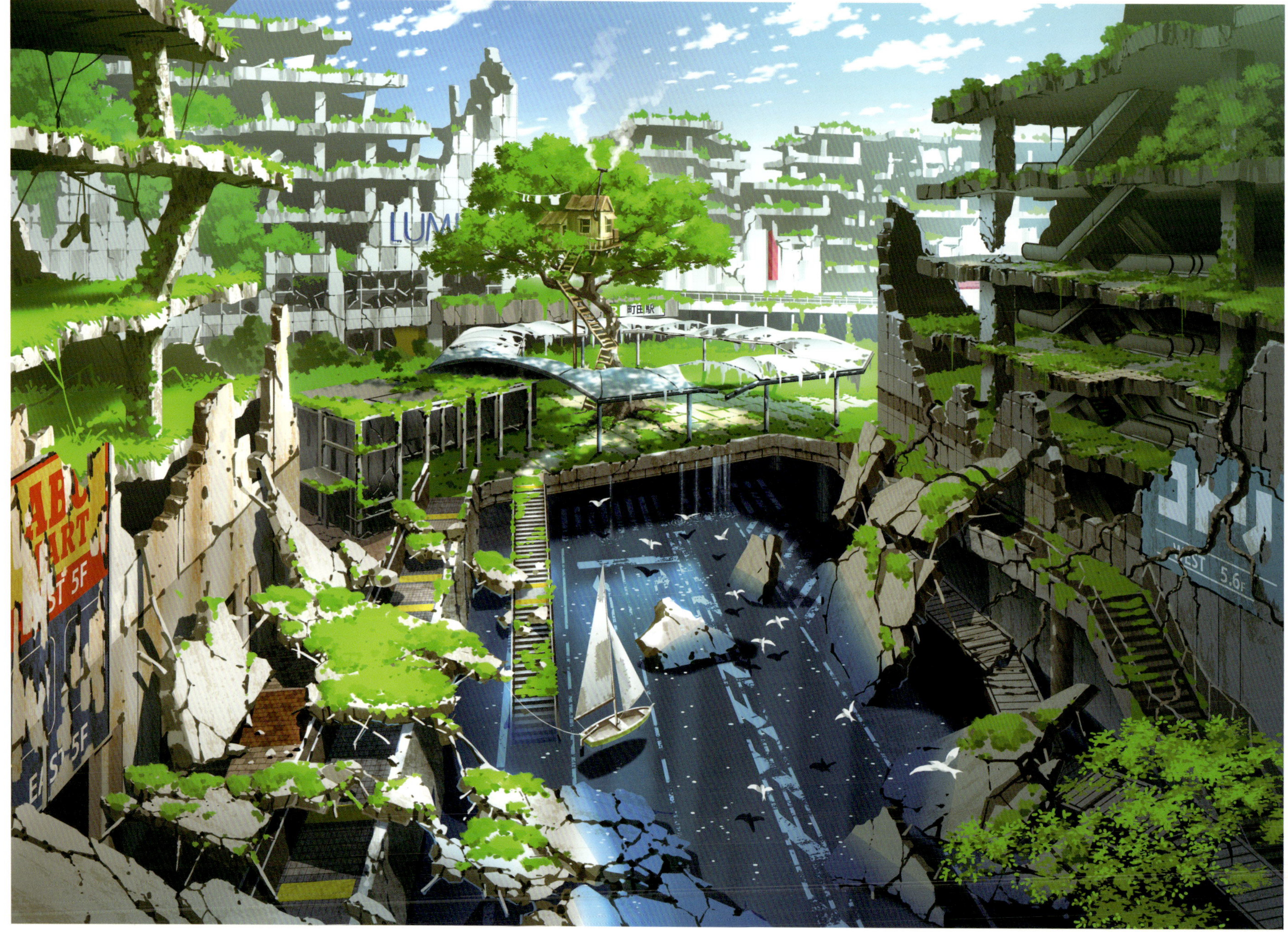
LUMI
町田駅
ABC
ART
ST 5F
EAST 5F
ST 5,6F

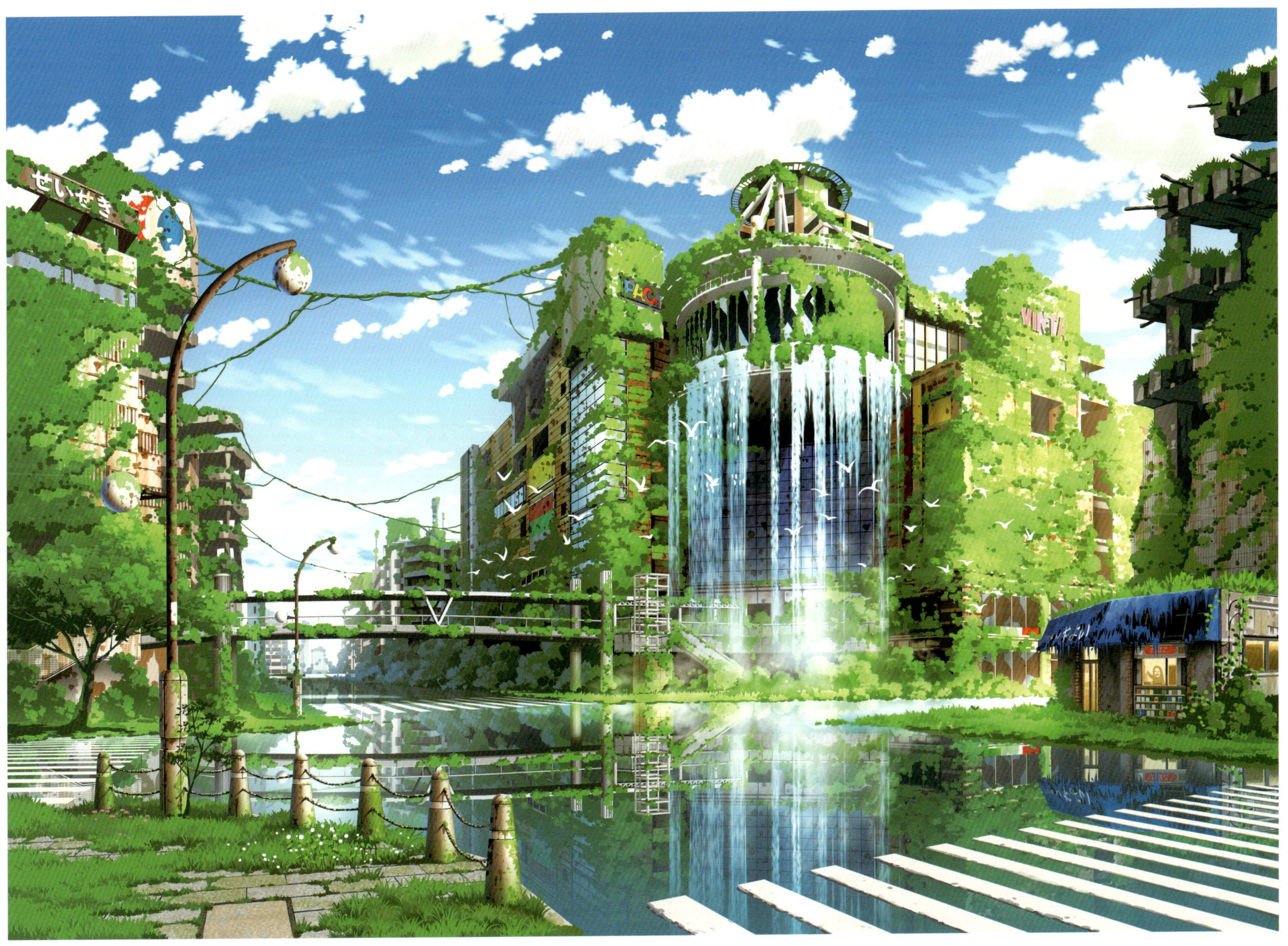

せいせき
PLACI
VINTA

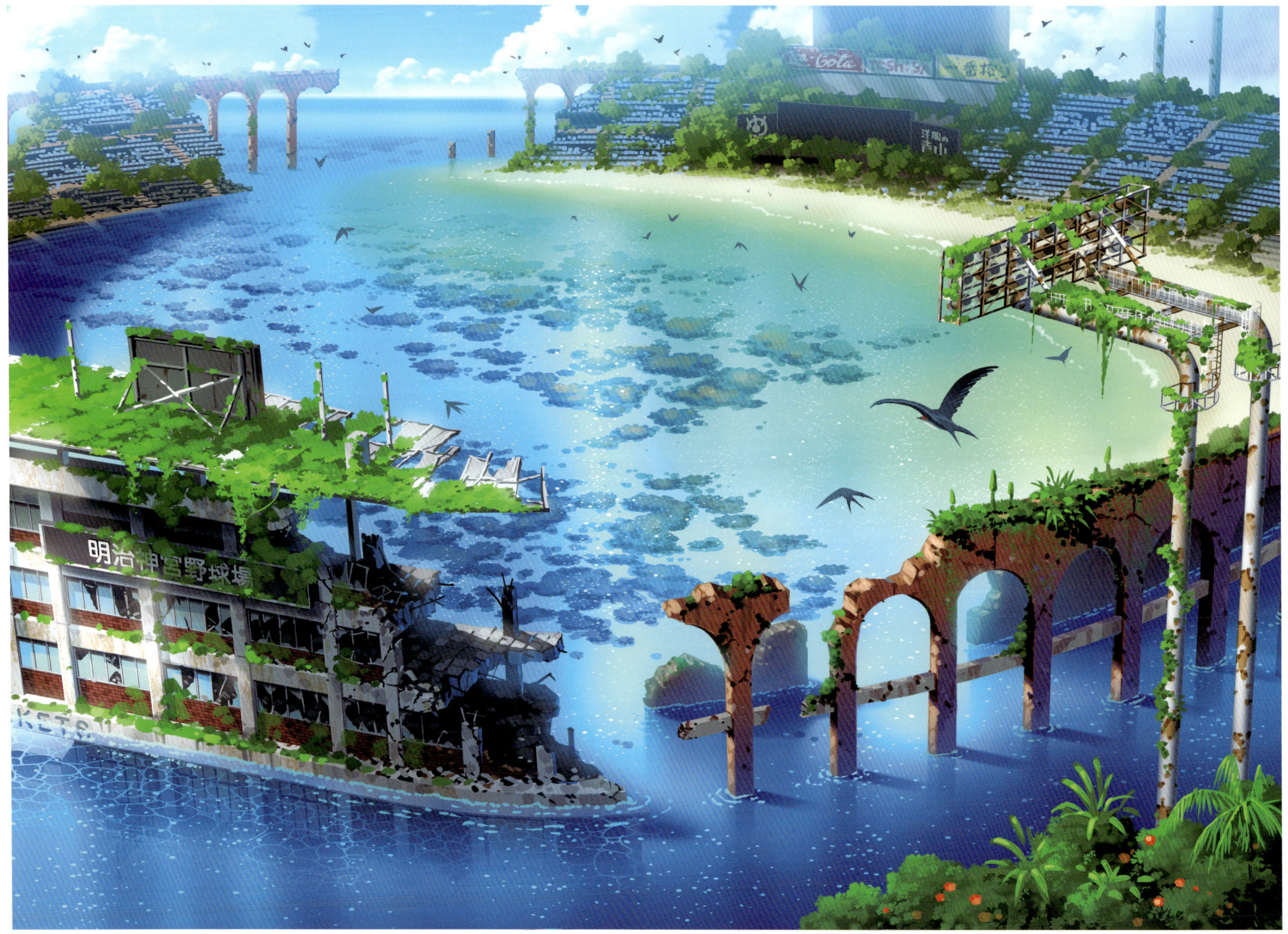
Coca-Cola
一番搾り
洋服の青山
明治神宮野球場
KETS

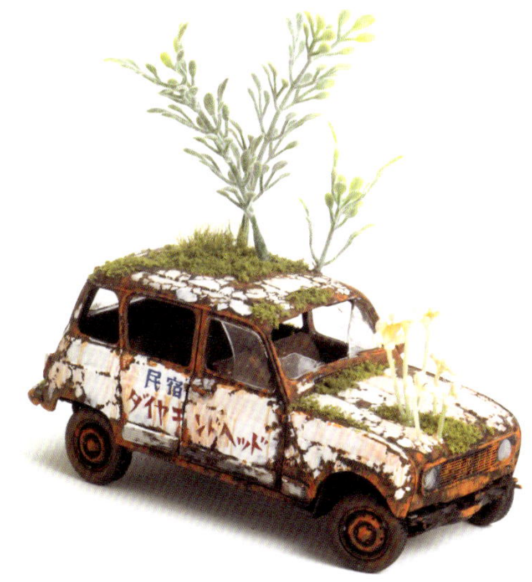
民宿
ダイヤモンドヘッド

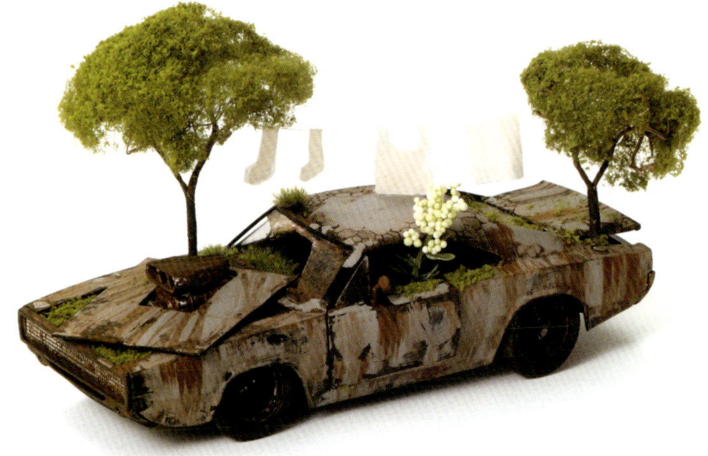

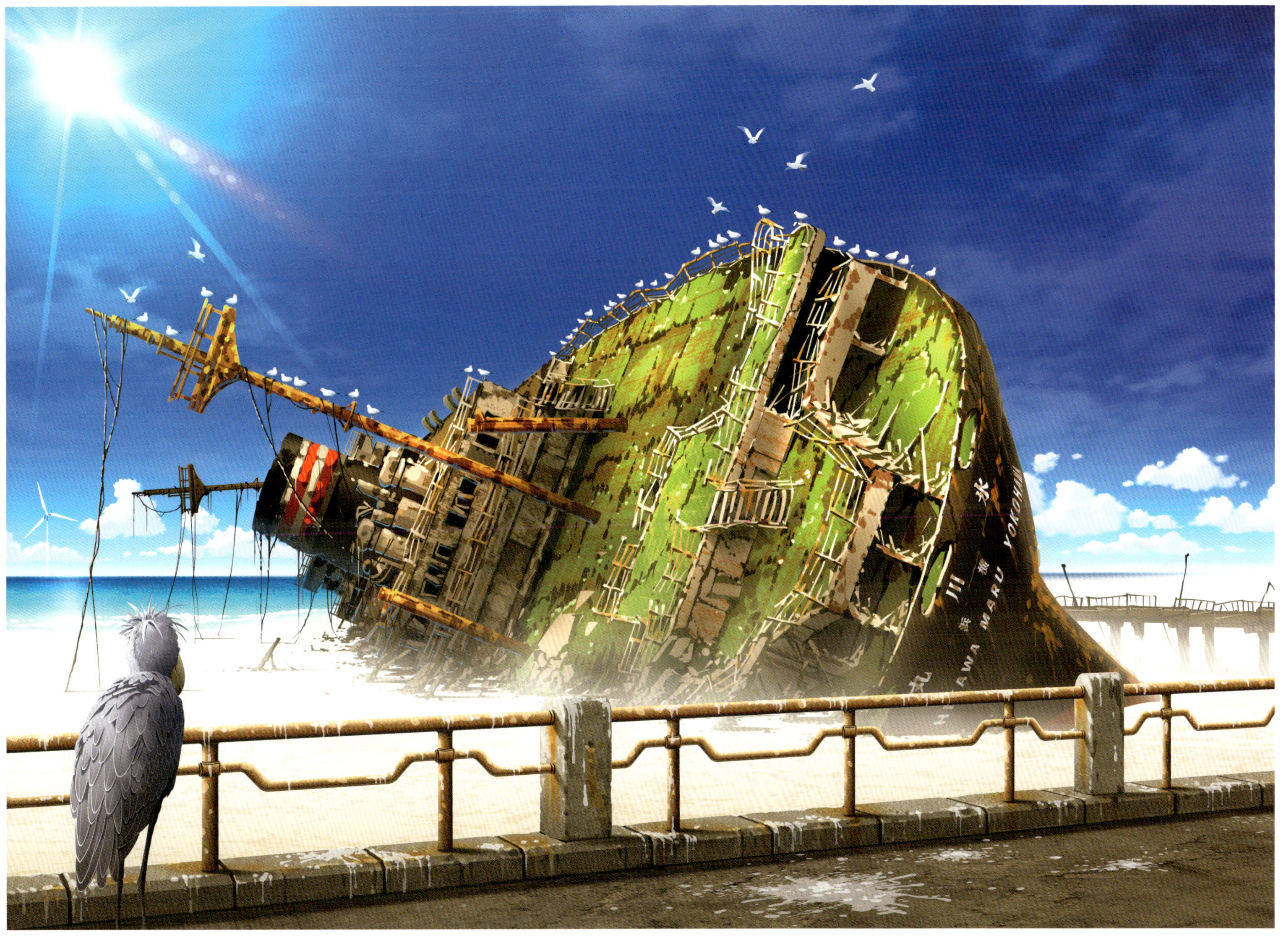
浜海川丸 YOKOHAMA MARU
HAMAKAWA MARU YOKOHAMA

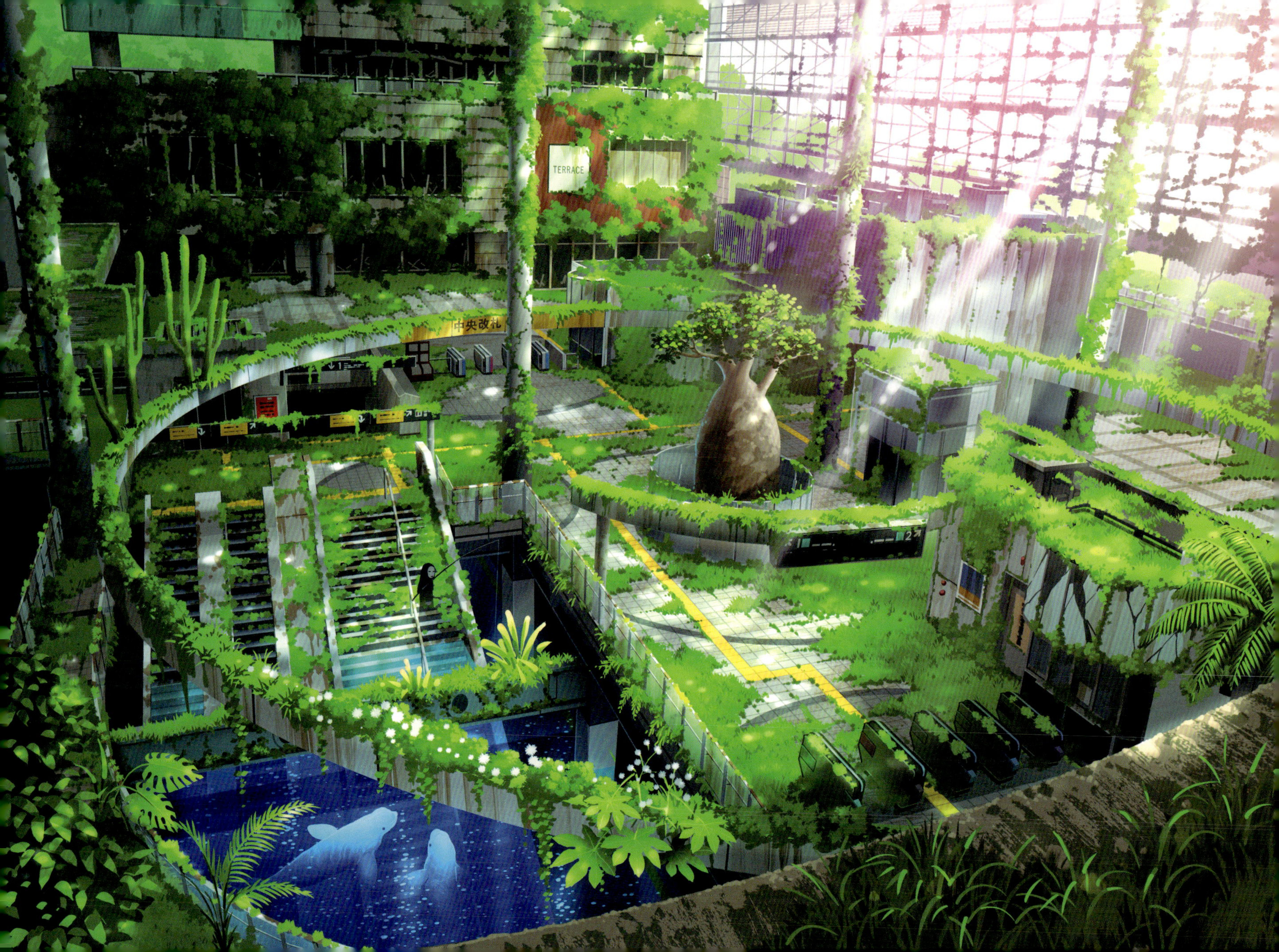

TERRACE
中央改札
2

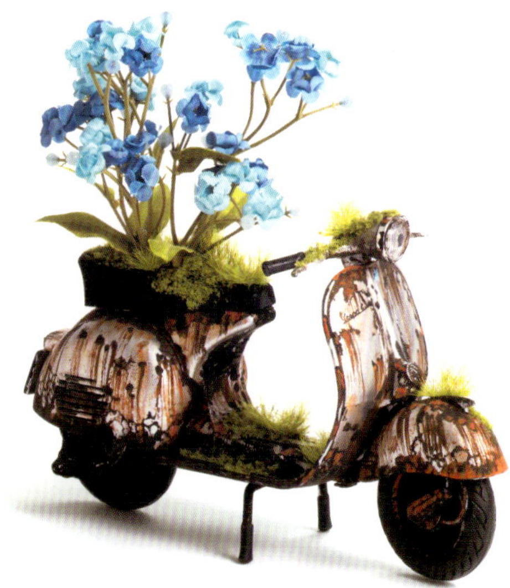

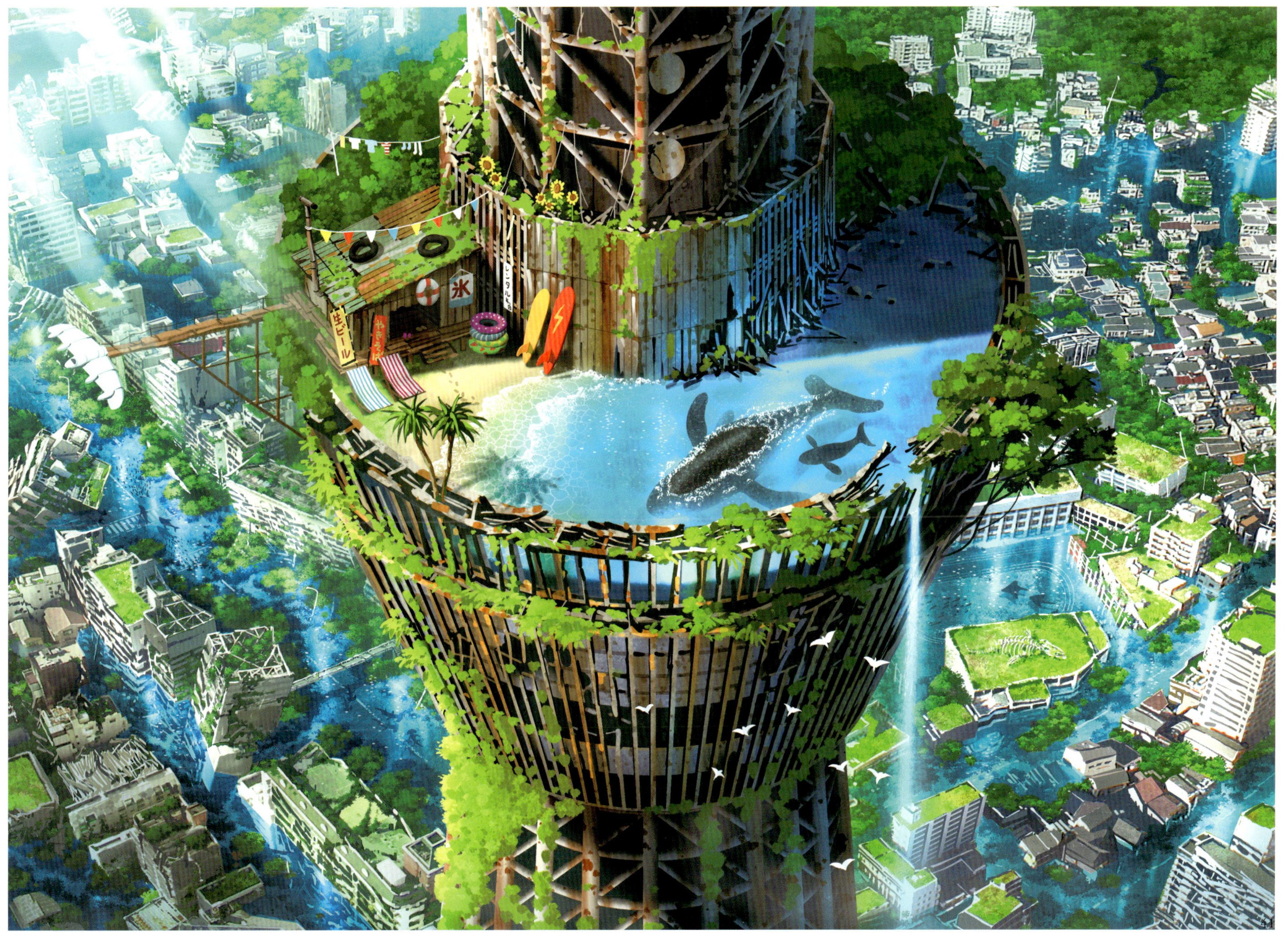

氷
生ビール
やきそば
レンタルあります

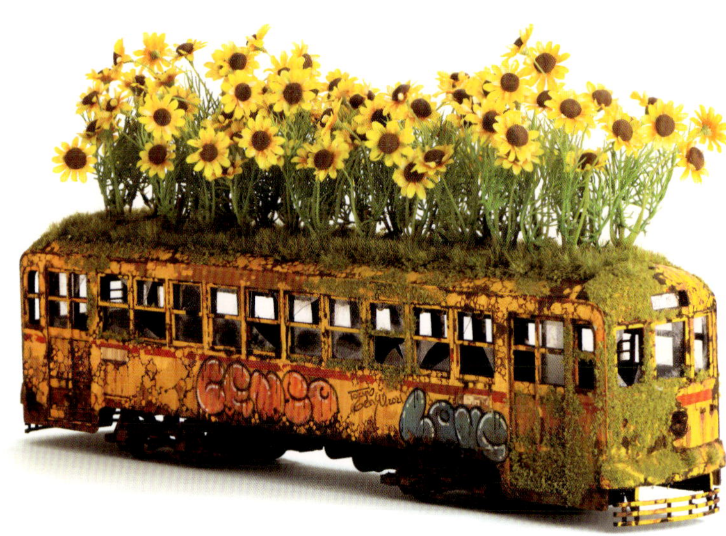

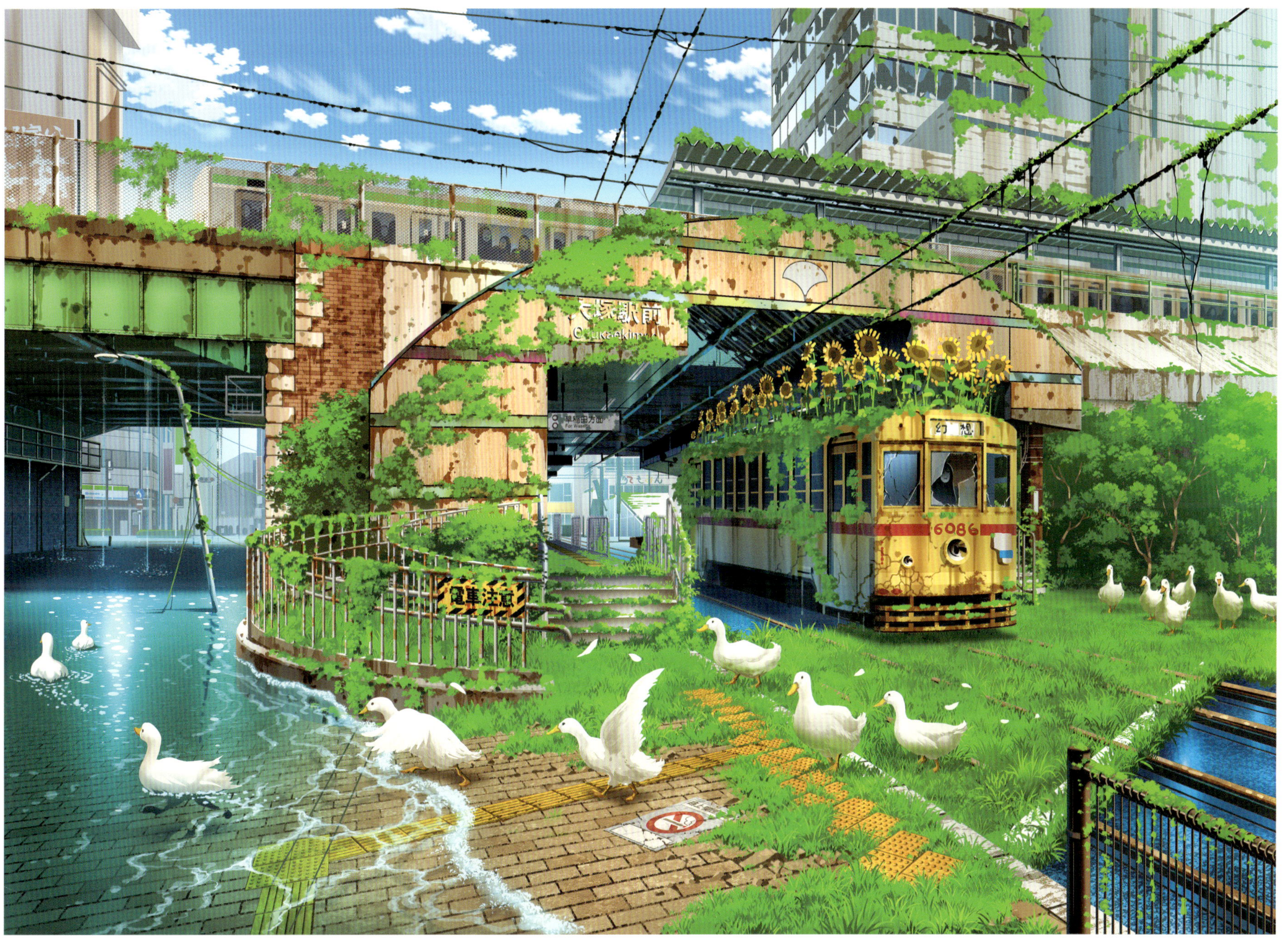
大塚駅前
Ōtsukaekimae
早稲田方面
For Waseda
6086
幻想

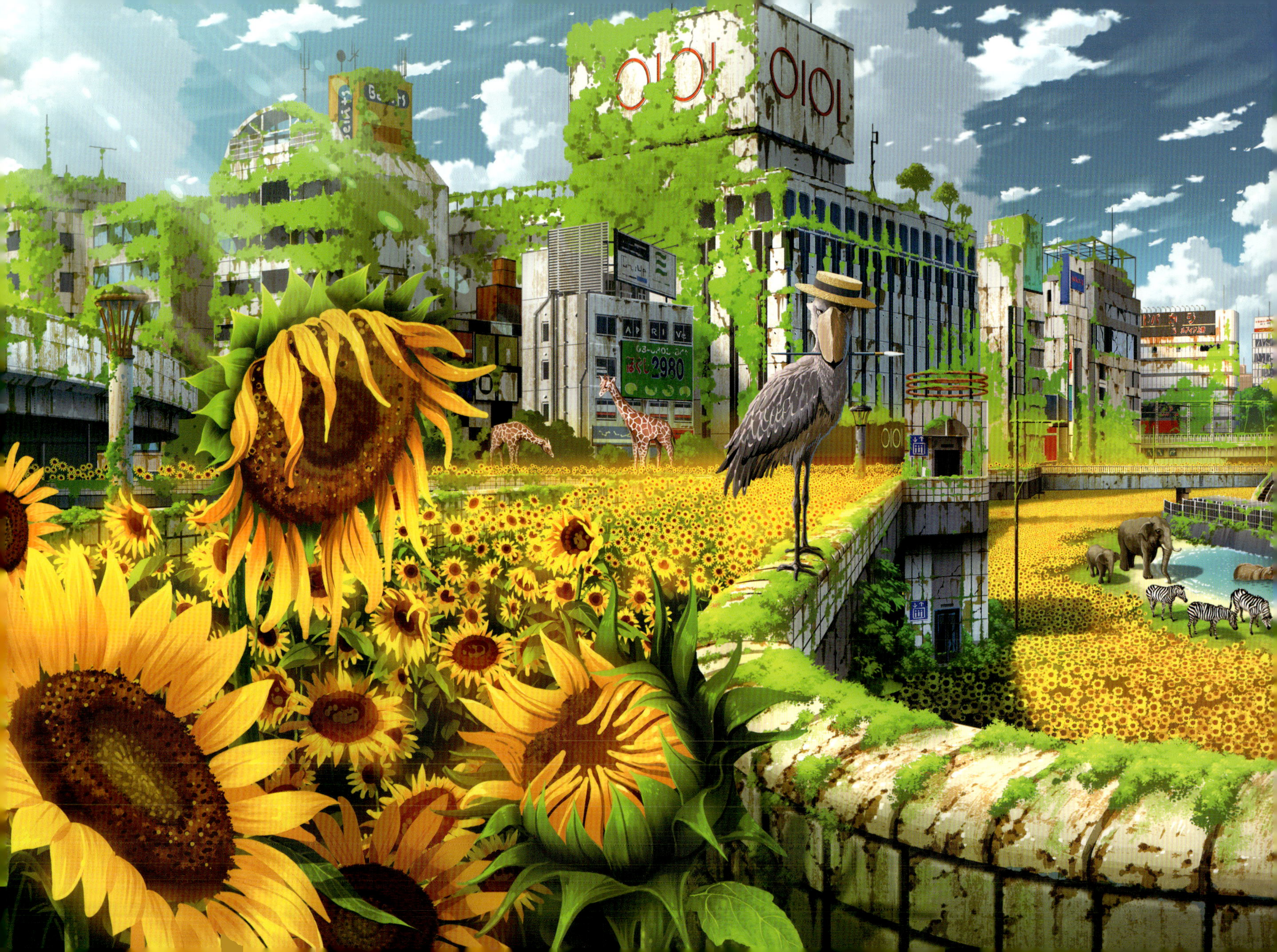

OIOI
OIOI
OIOI
APRIVE
2980
Beams

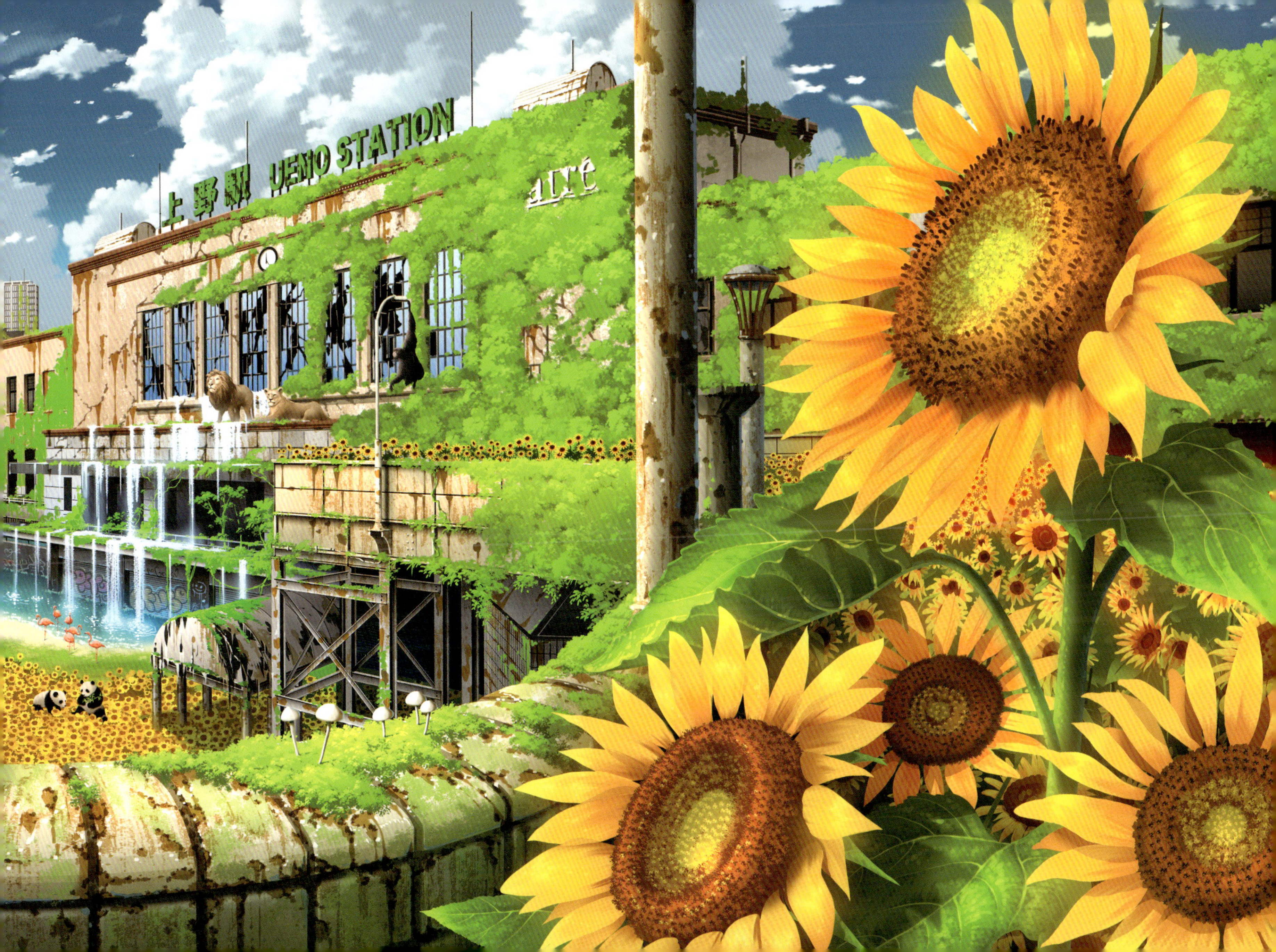

上野駅 UENO STATION
atré

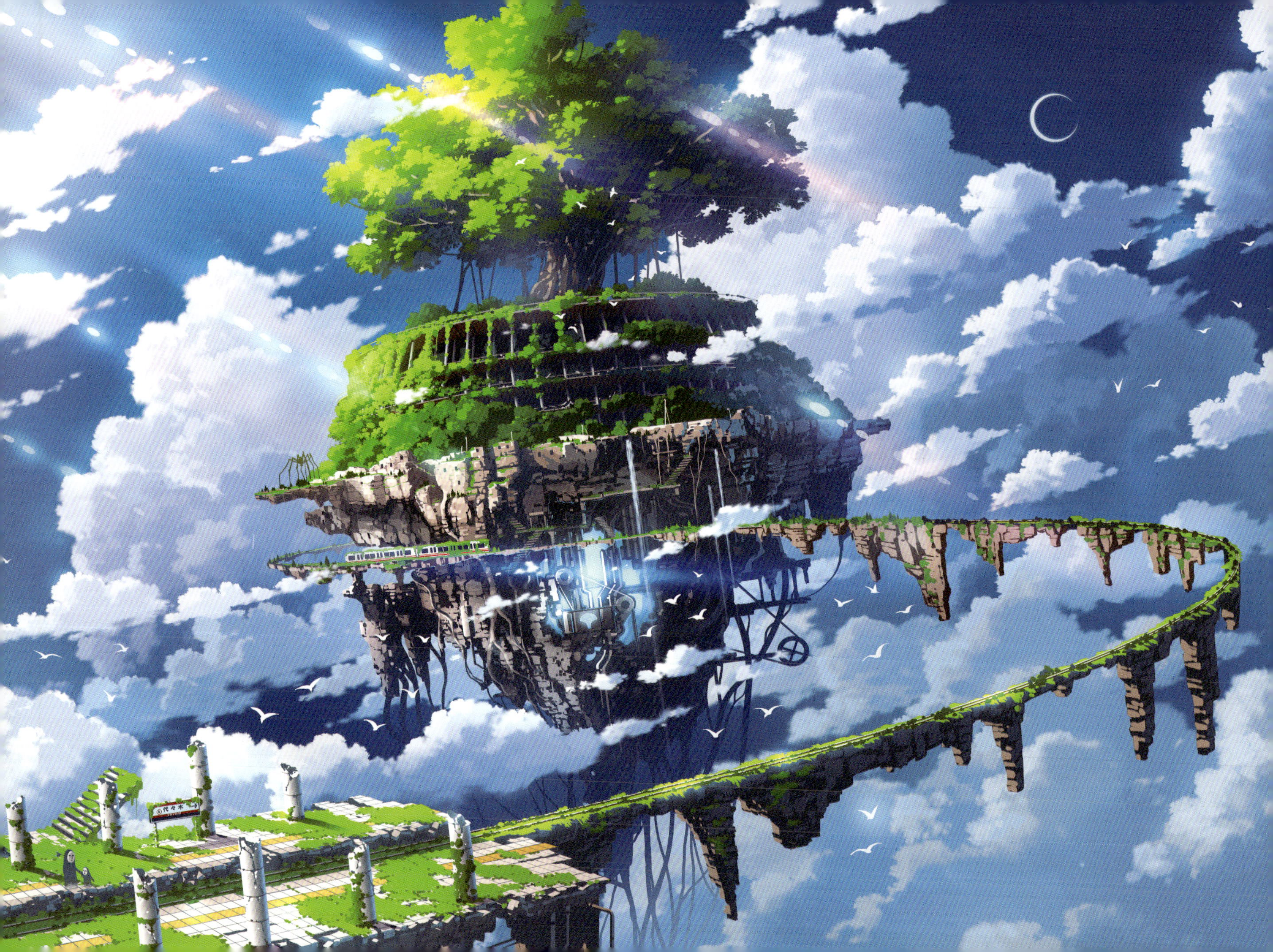
代々木 →

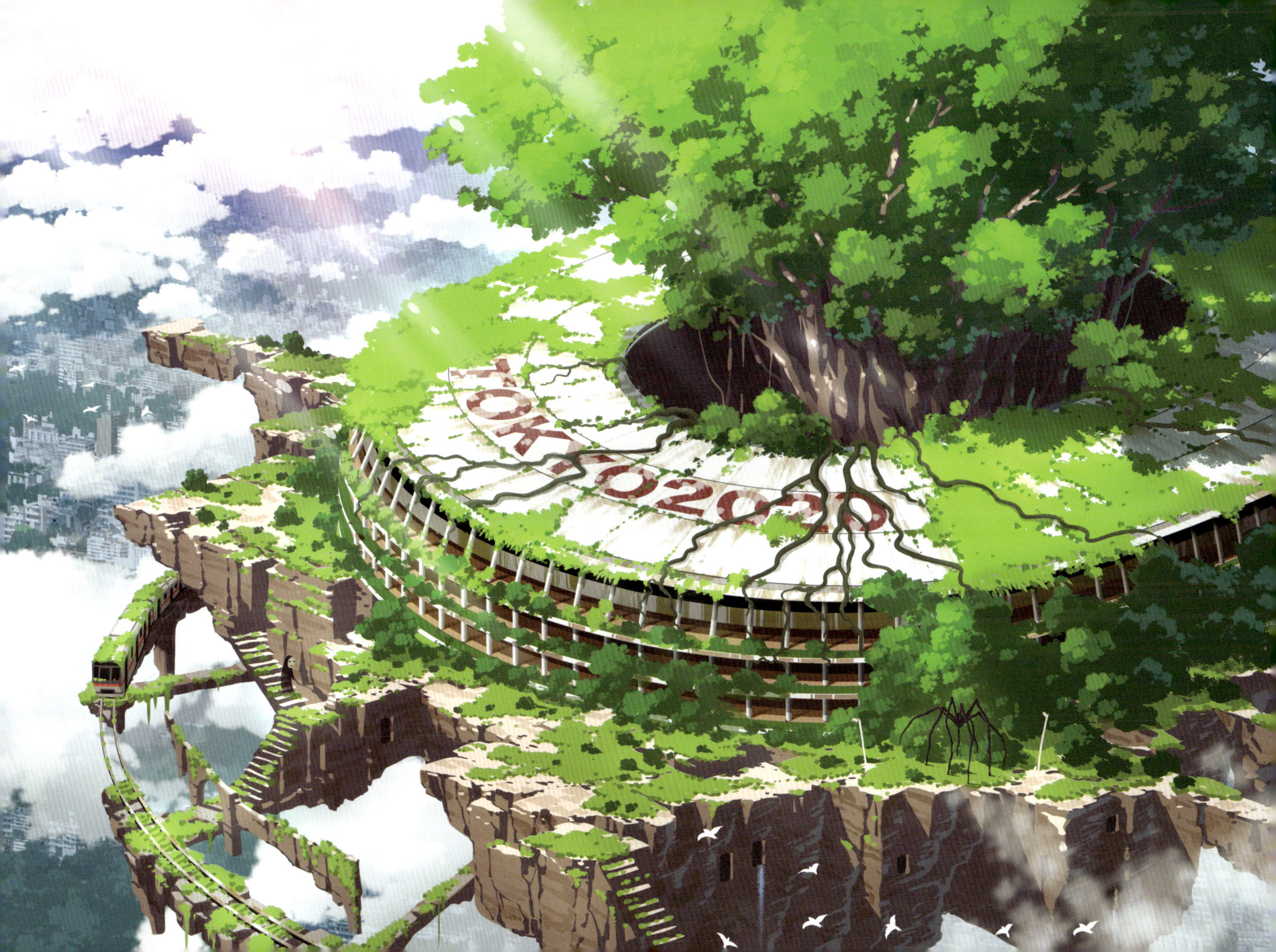
TOKYO2020

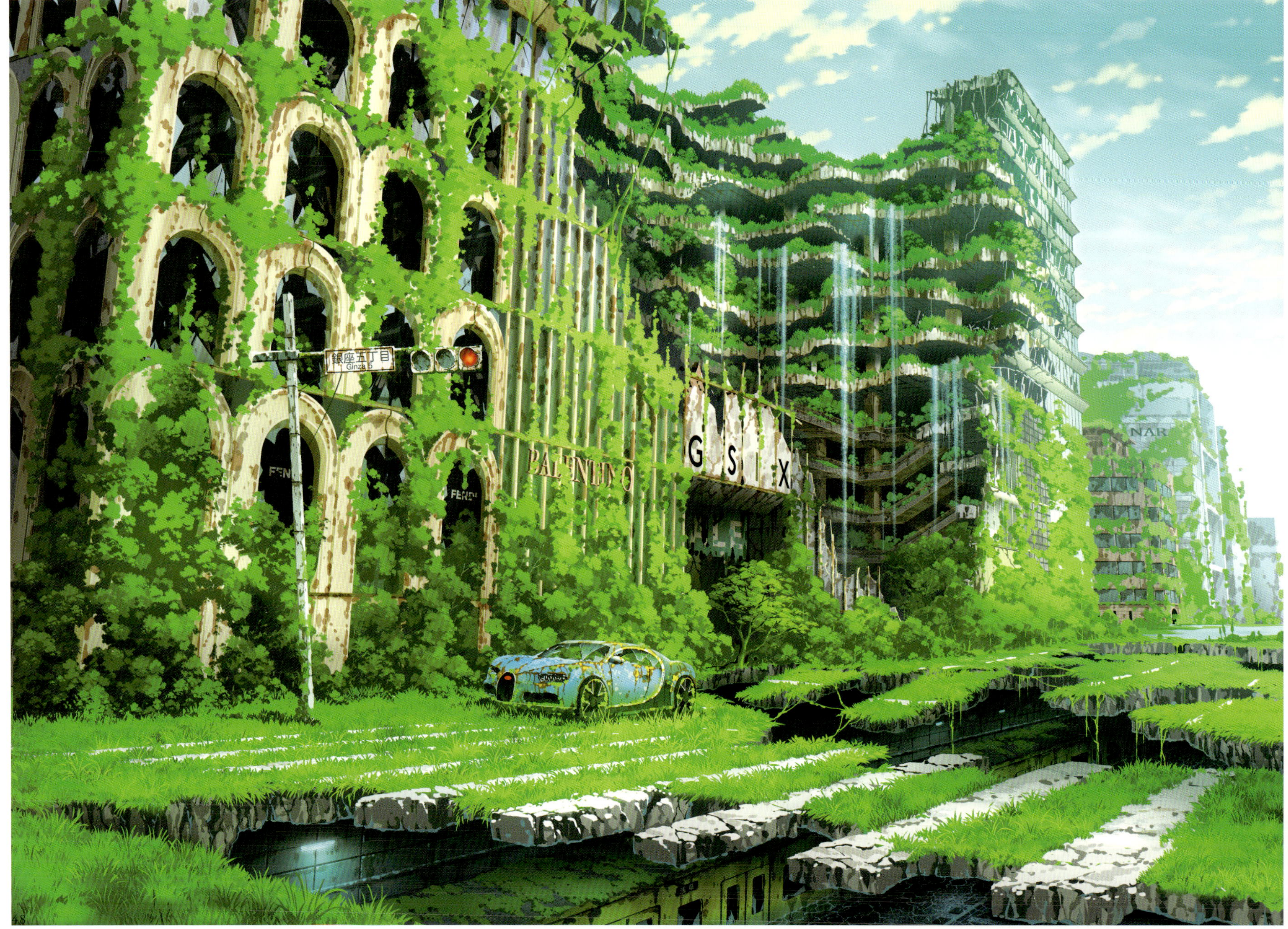
銀座五丁目
Ginza 5
FEND
FEND
PALENTINO
G S X
NAR

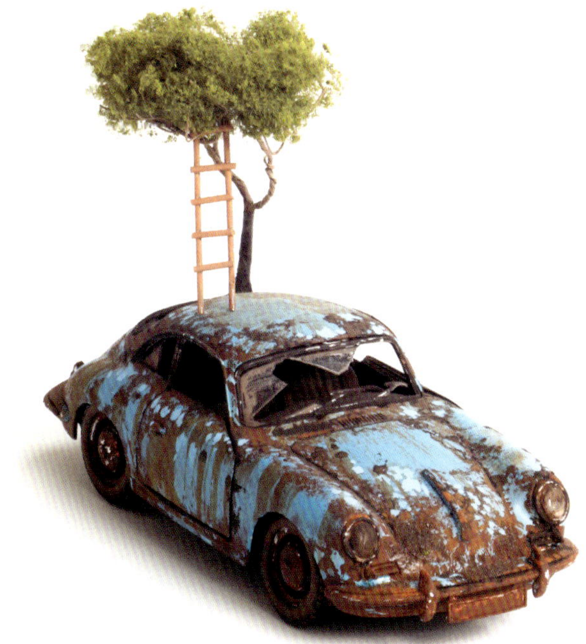

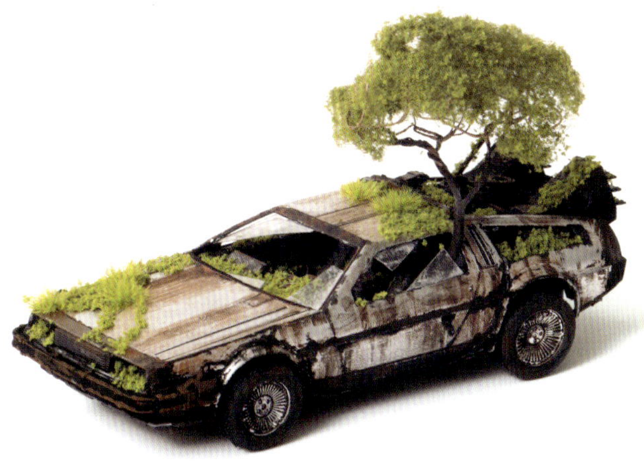

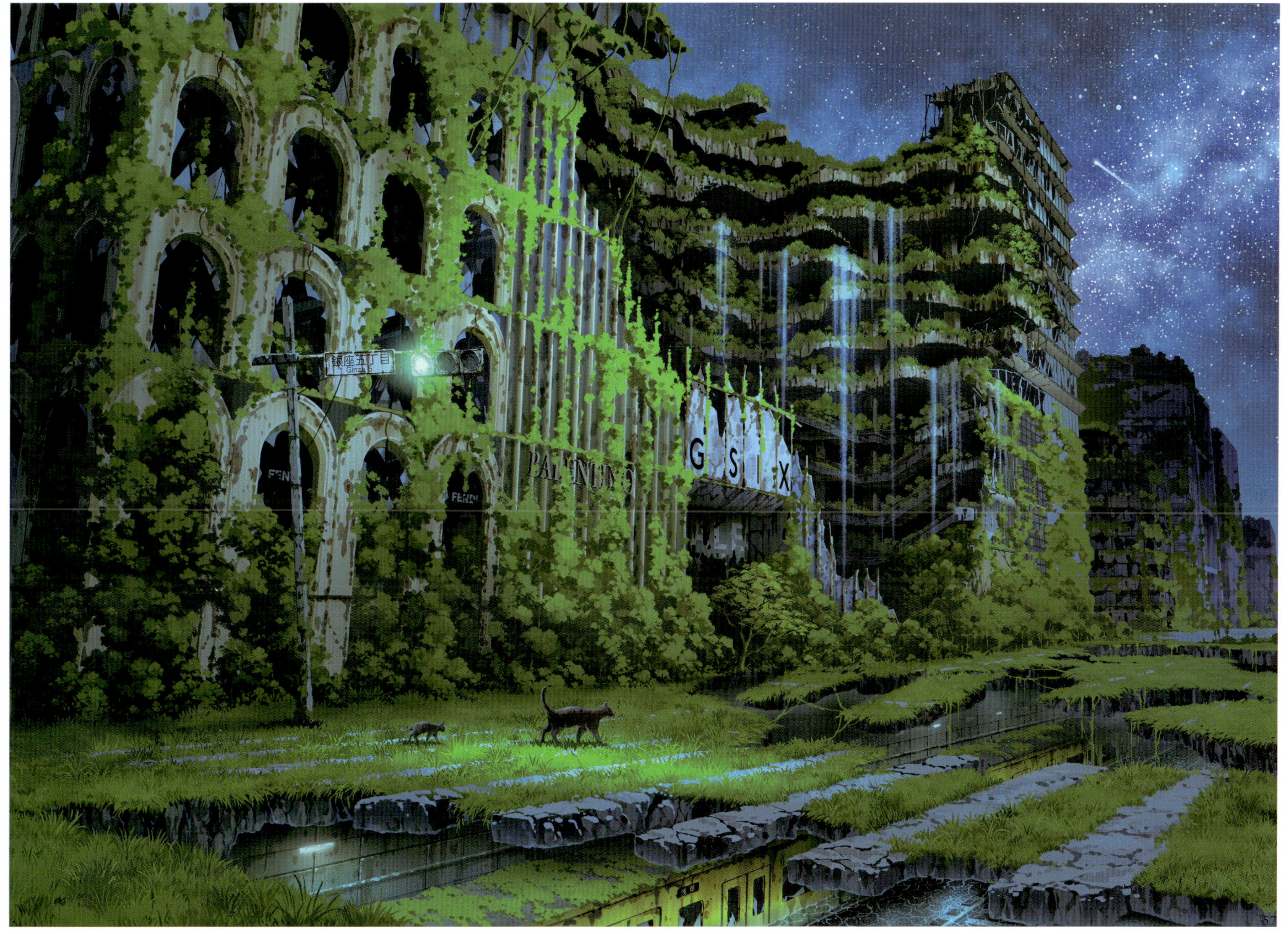

銀座五丁目
Ginza 5
FENDI
FENDI
PA NUI
G S I X
LE

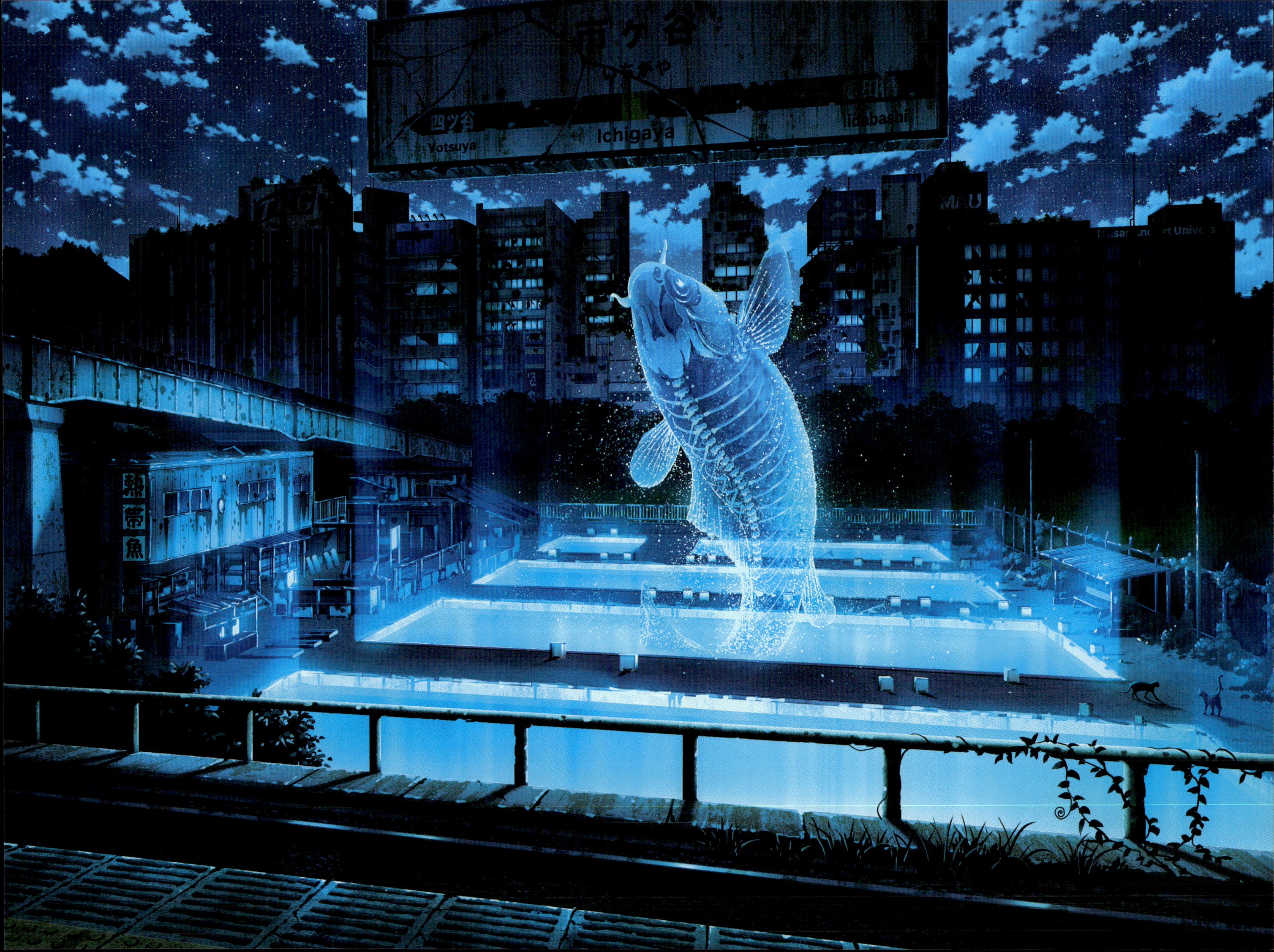
市ヶ谷
四ツ谷
Yotsuya
Ichigaya
Iidabashi
熱帯魚

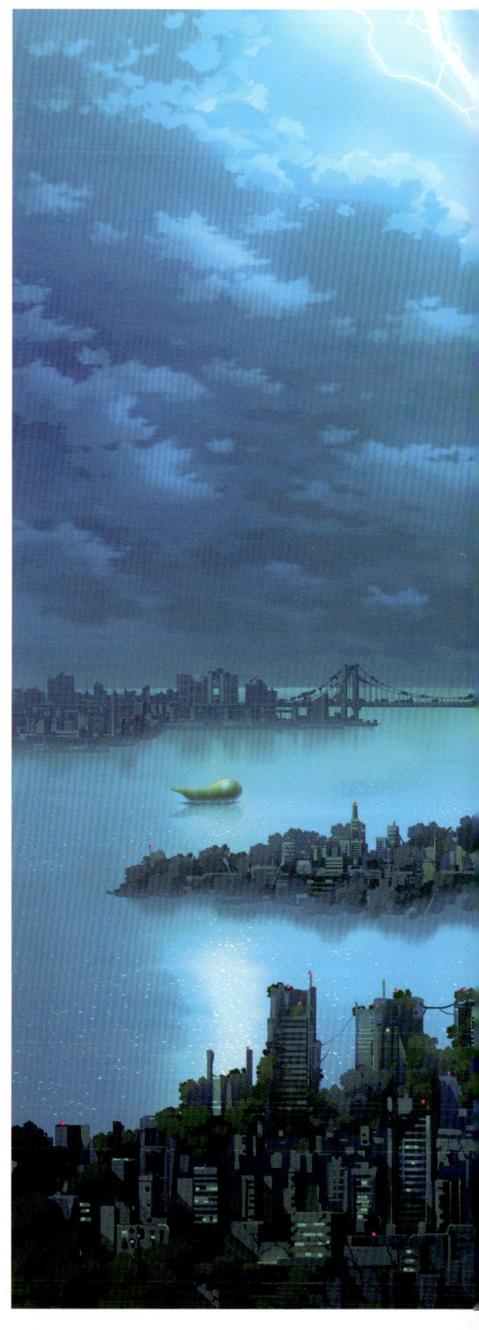

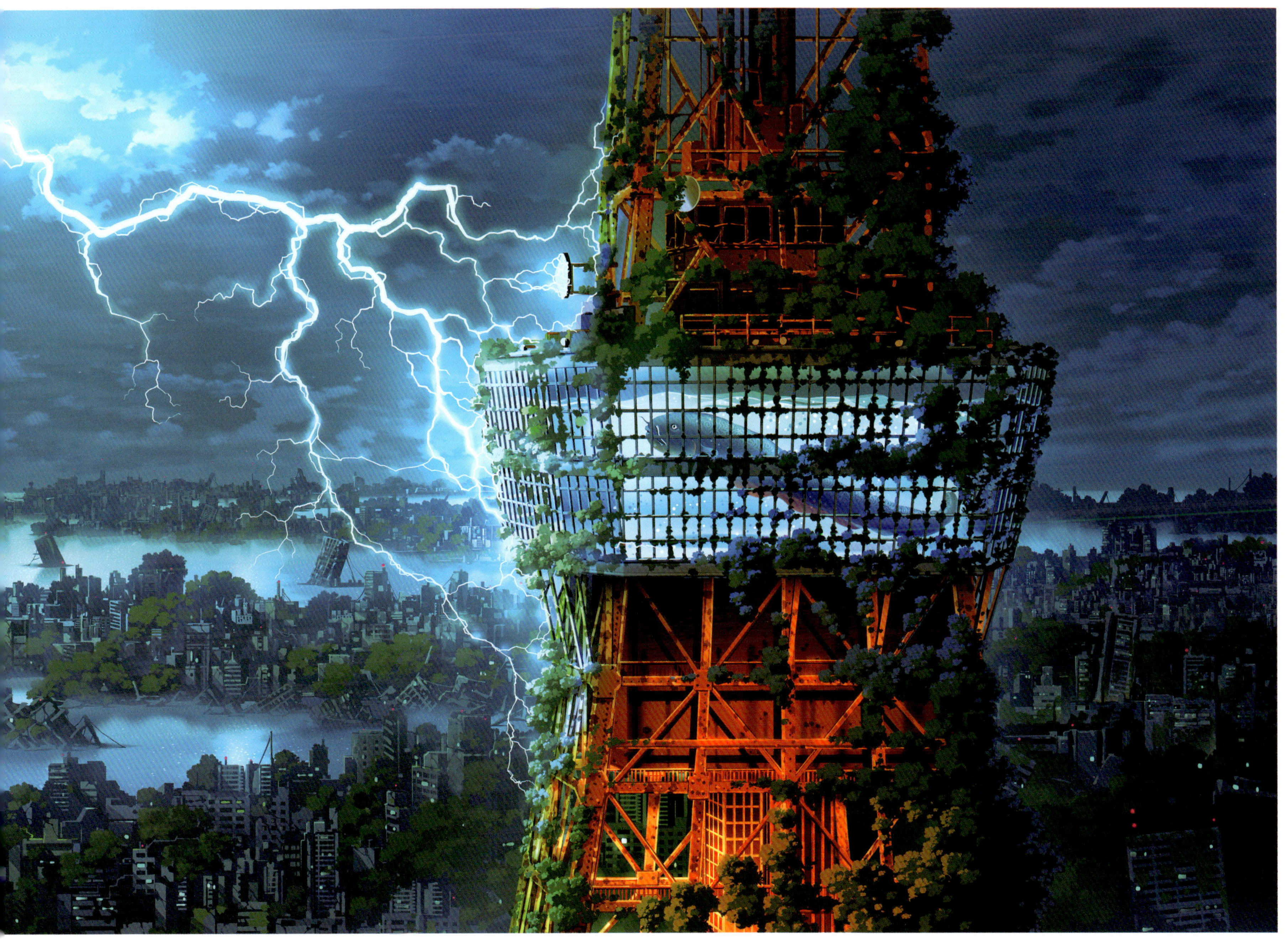

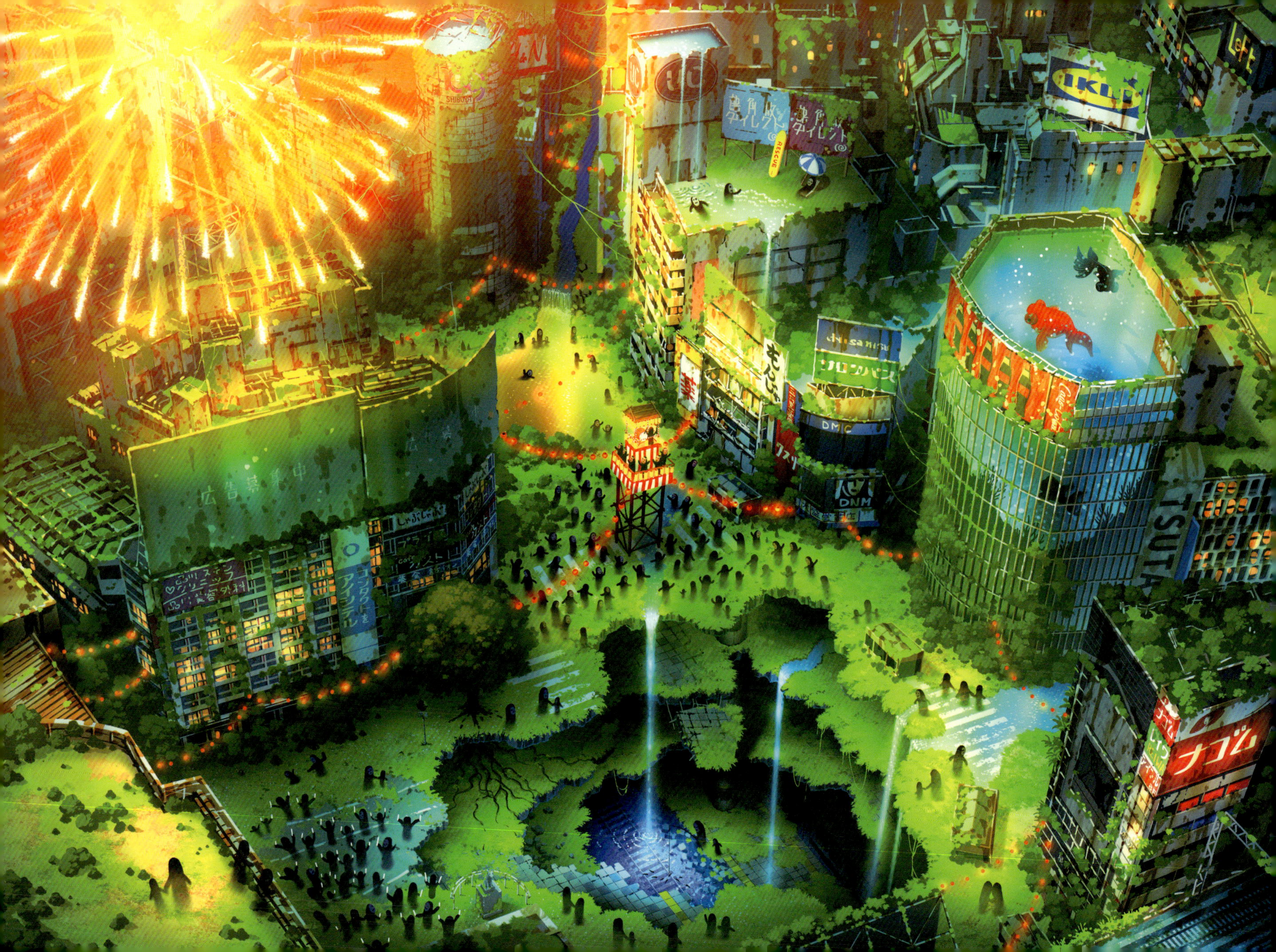

IKEA
SHIBUYA
RESCUE
広告募集中
TSUTAYA
ナゴム
DMC
DNM
しゃぶしゃぶ
cafe

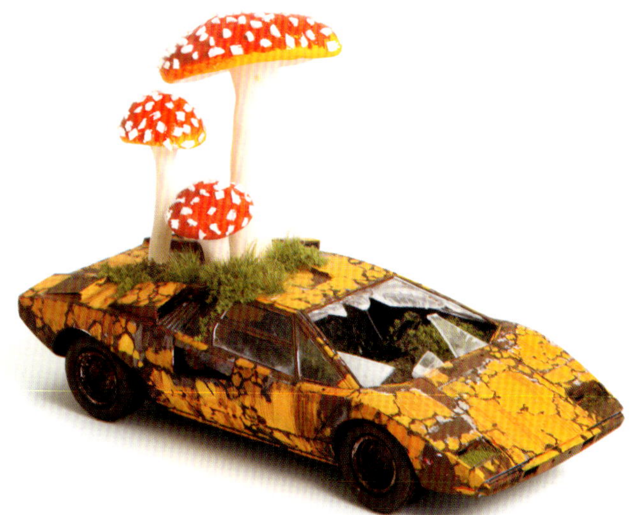
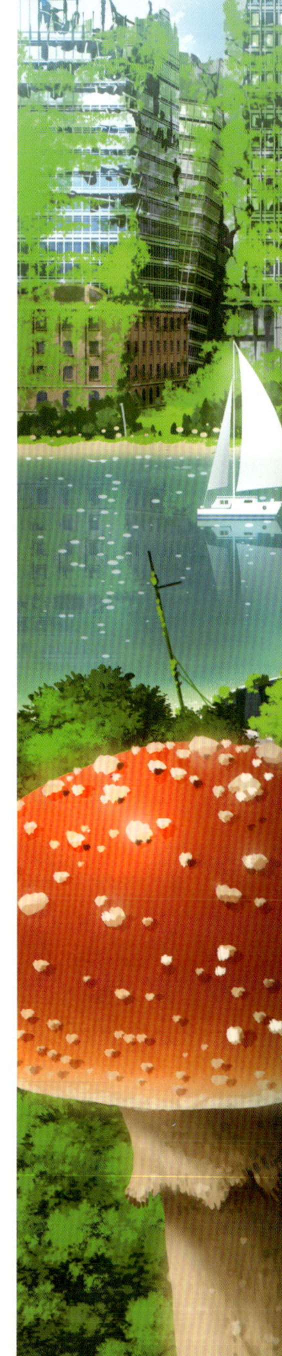

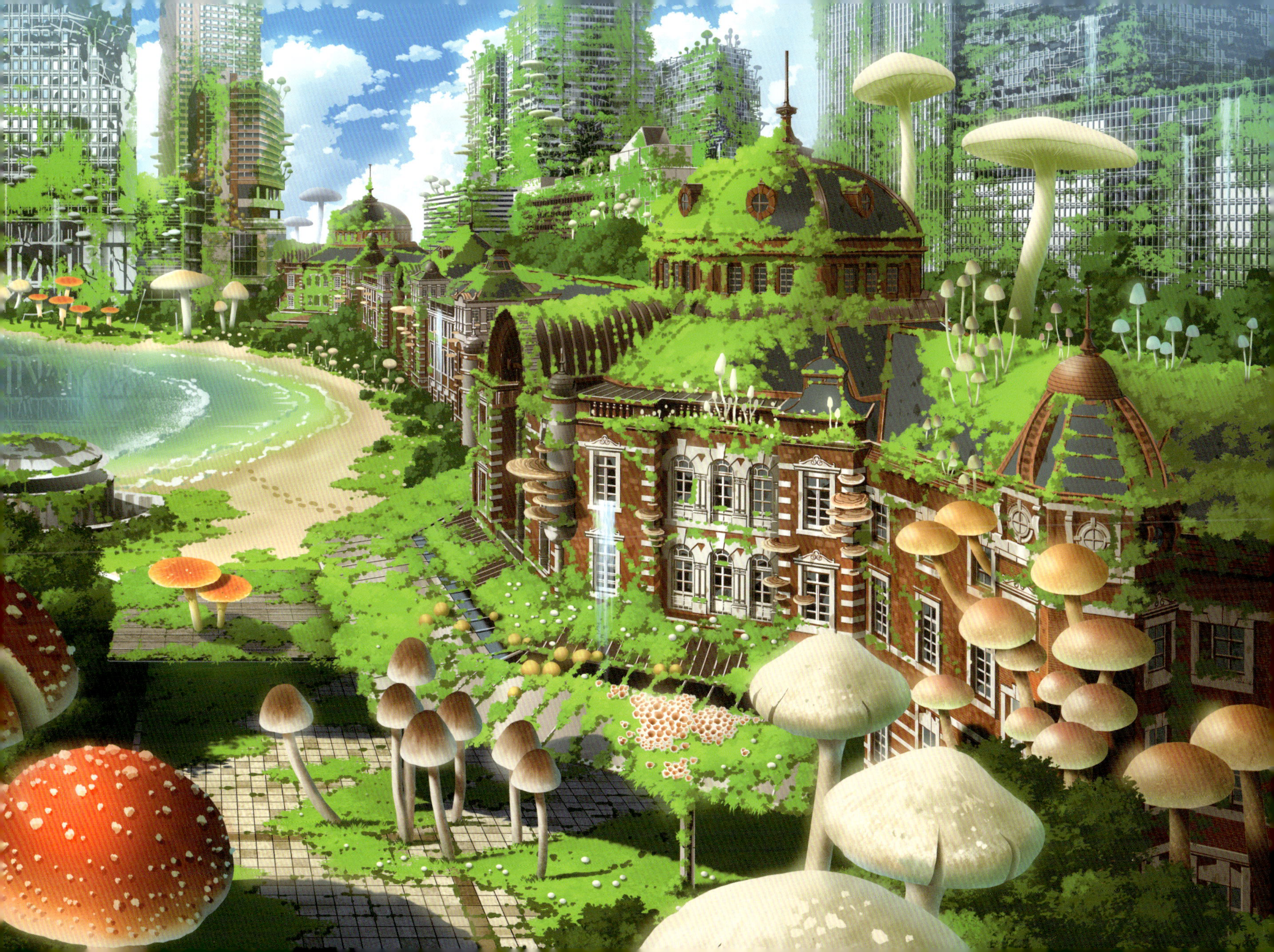

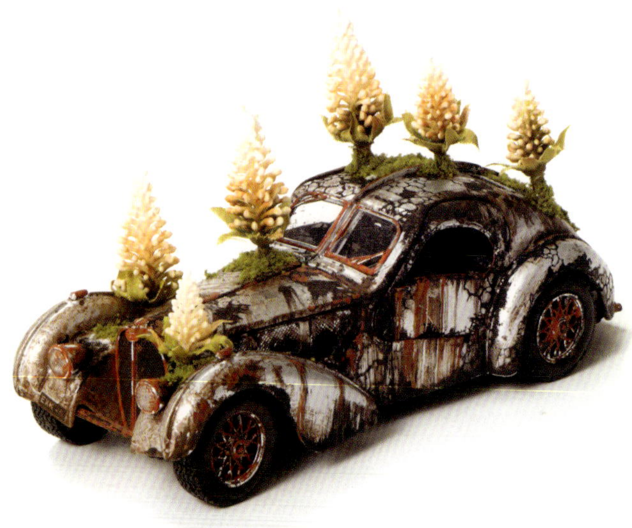

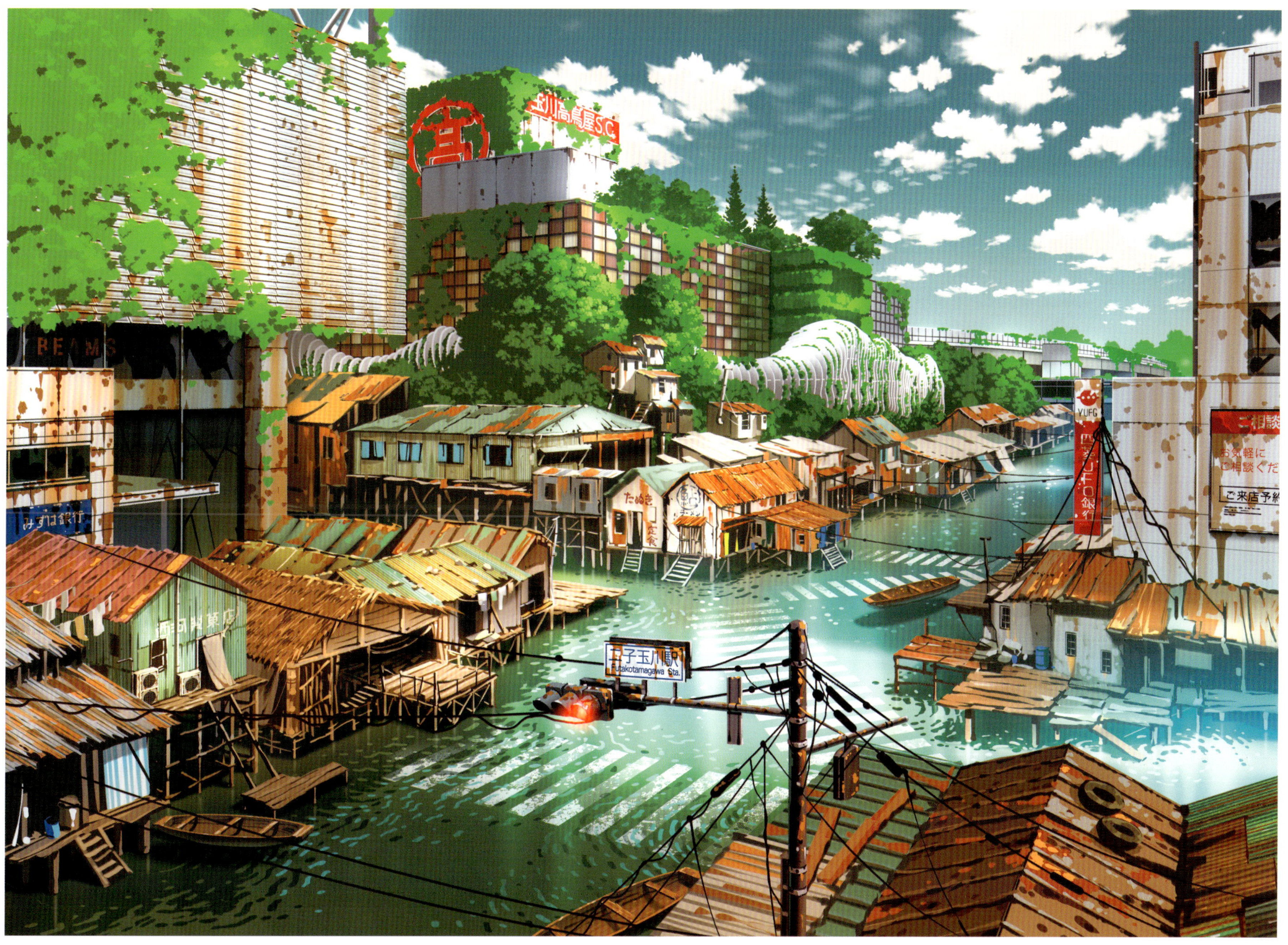
玉川髙島屋S.C.
BEAMS
みずほ銀行
二子玉川駅
Futakotamagawa Sta.
YUFG
三菱UFO銀行
ご相談
お気軽に
ご相談ぐだ
ご来店予約
たぬき
定食

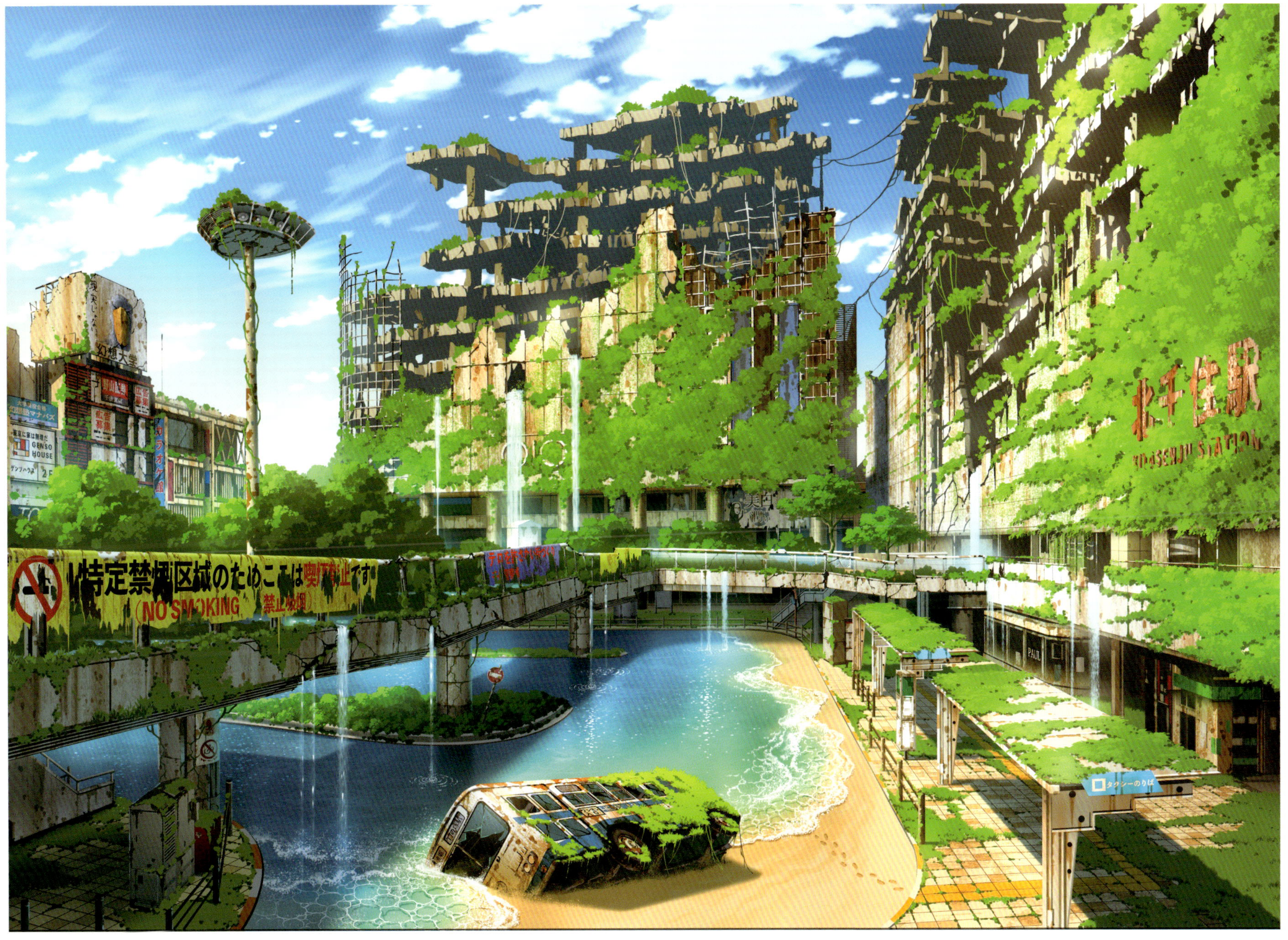
幻想大学
GENSO HOUSE
2F
特定禁煙区域のためたばこは喫煙禁止です
（NO SMOKING　禁止吸煙）
北千住駅
KITASENJU STATION
PAUL
タクシーのりば

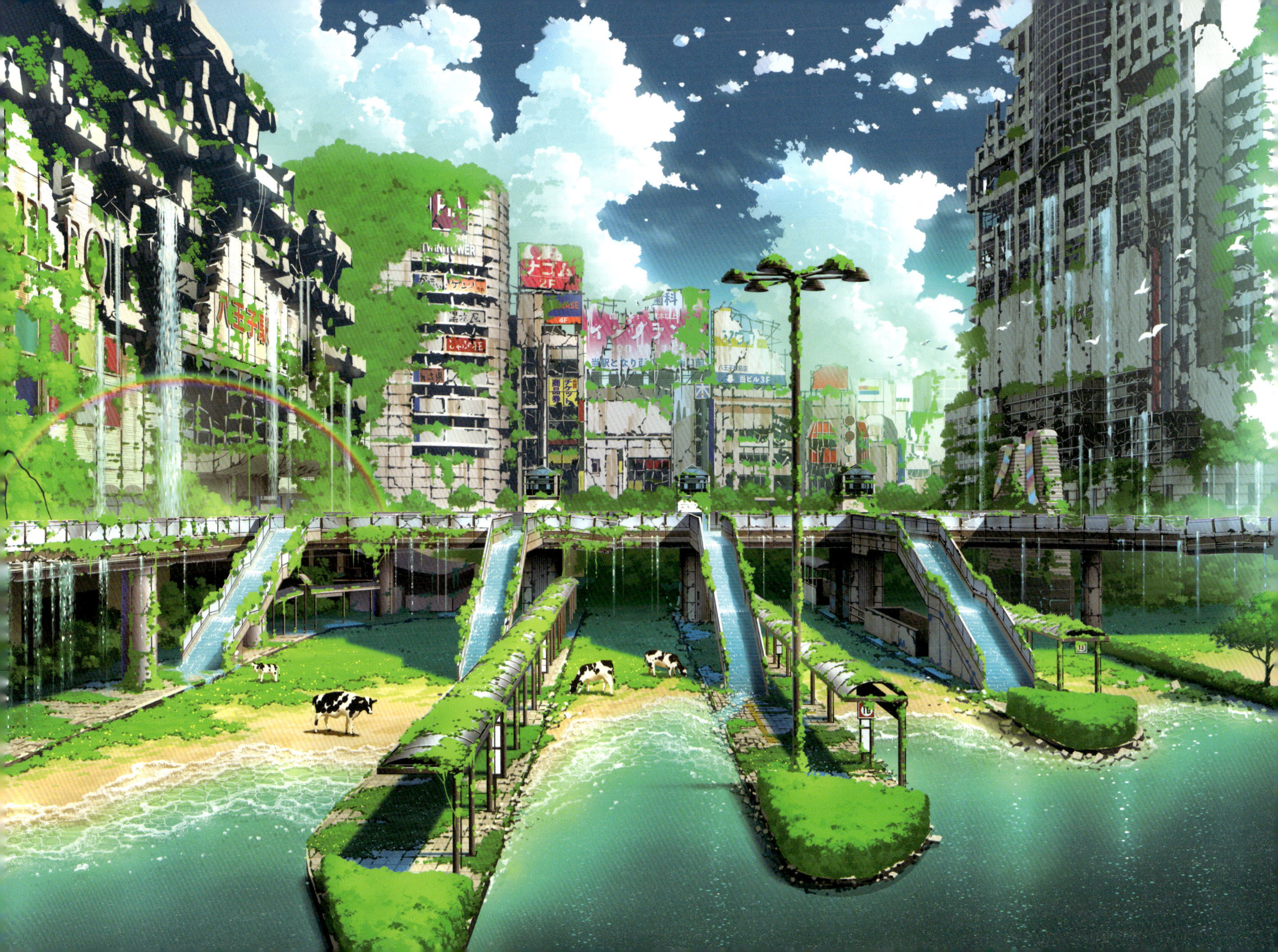
TWIN TOWER
八王子線
ナコム 2F
SE
4F
超科
イシイラン
当ビル3F
南
木
当ビル3F

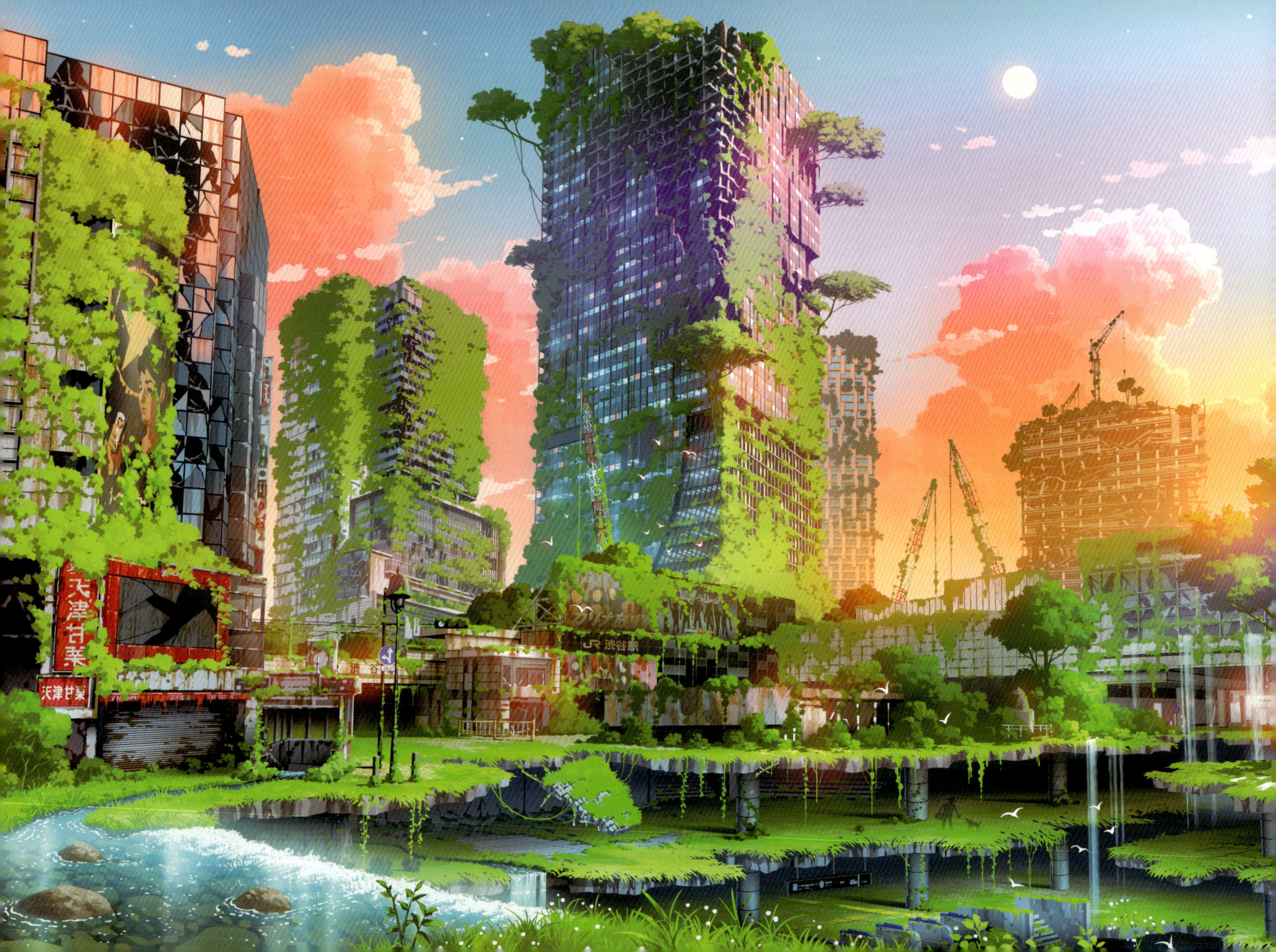
天津甘栗
天津甘栗
JR 渋谷駅

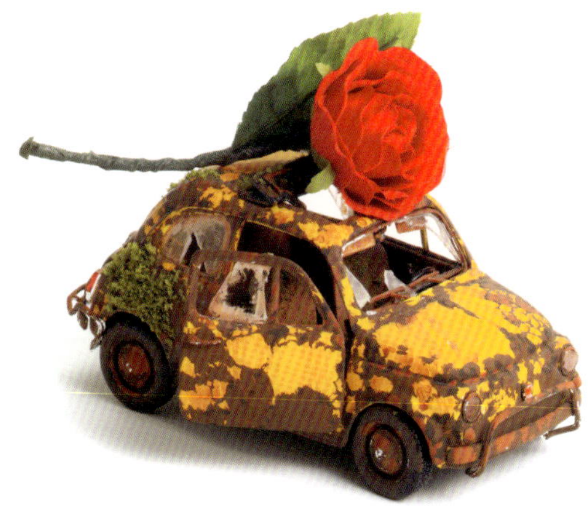

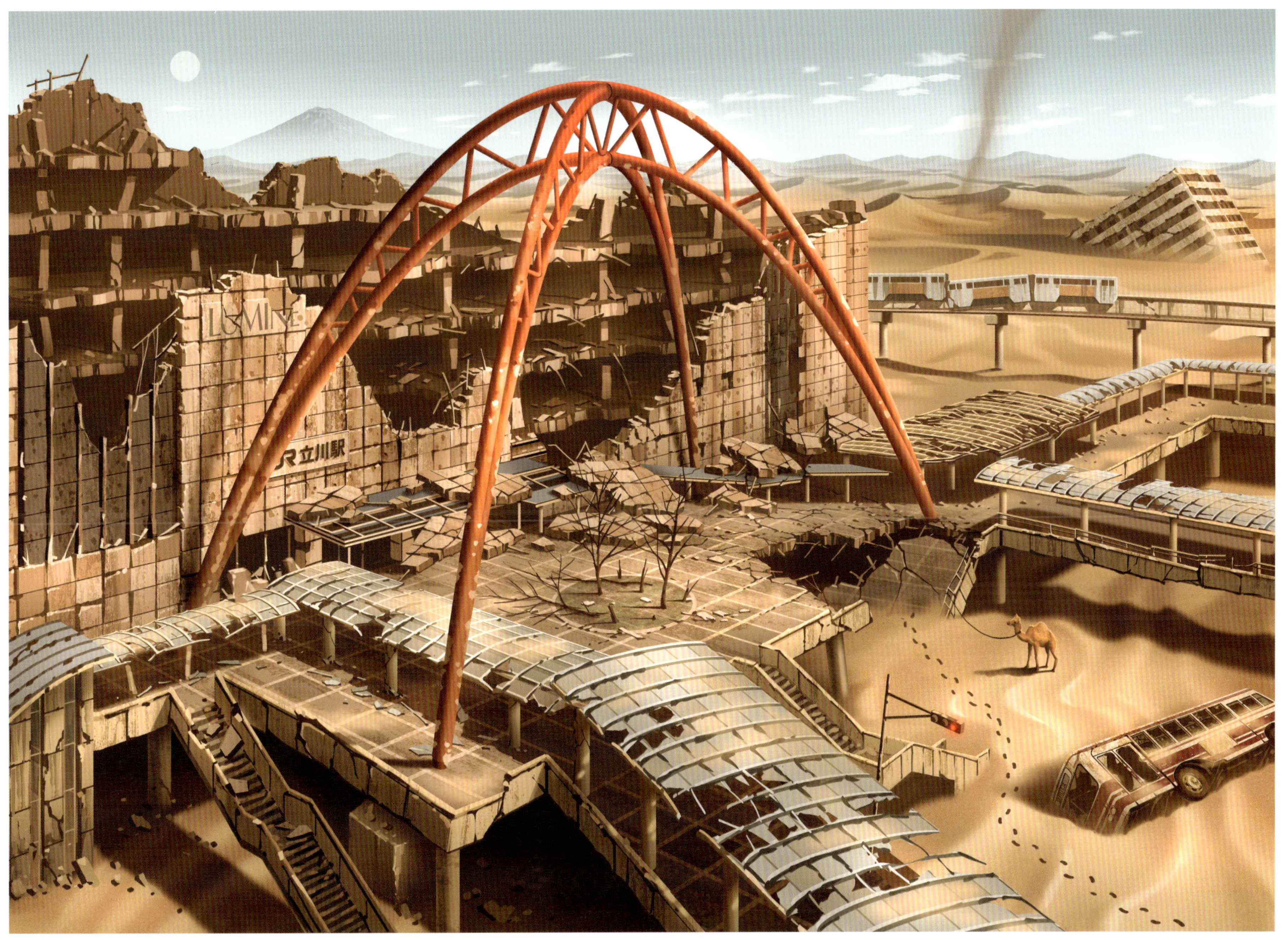

LUMINE
JR 立川駅

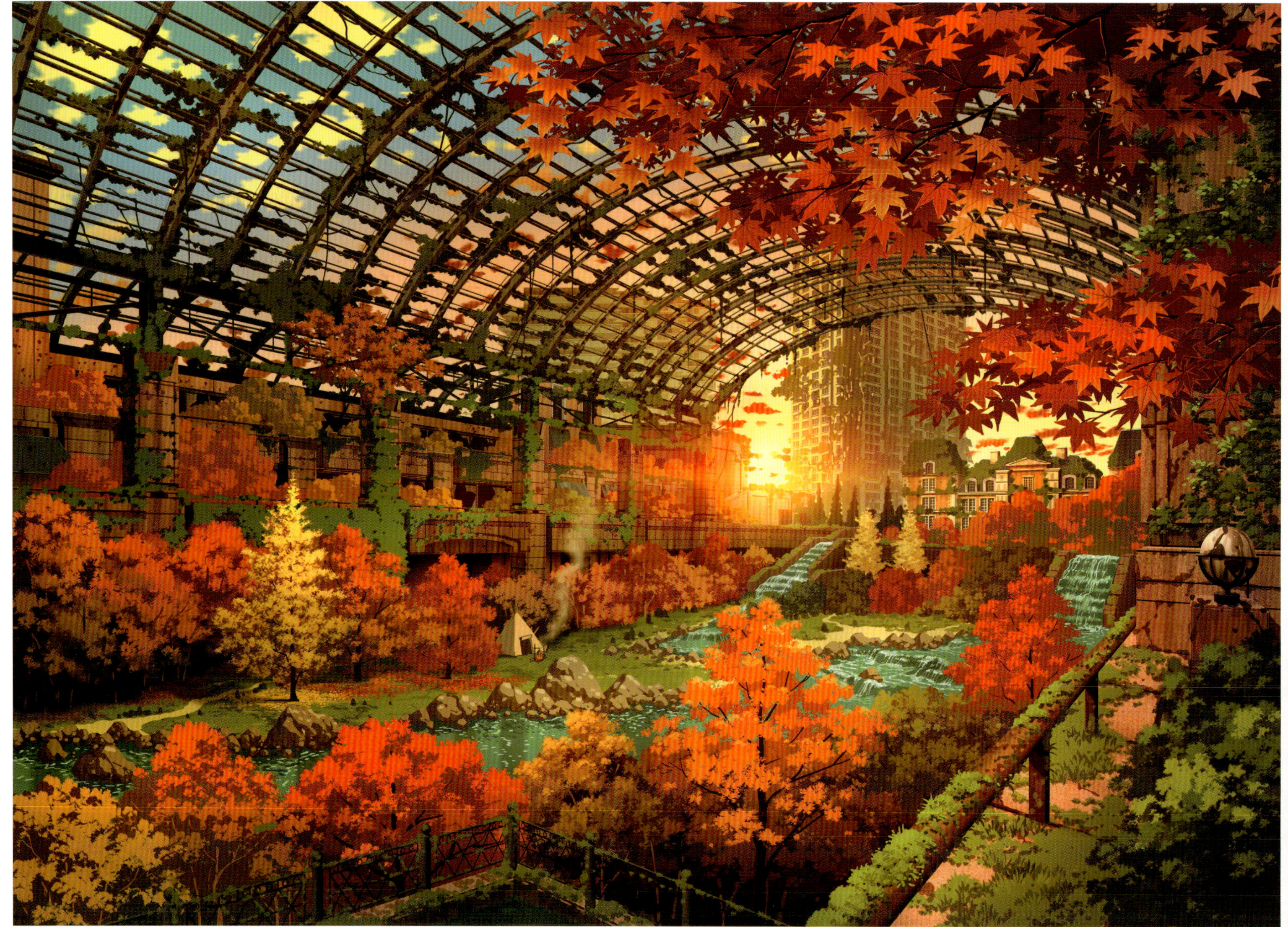

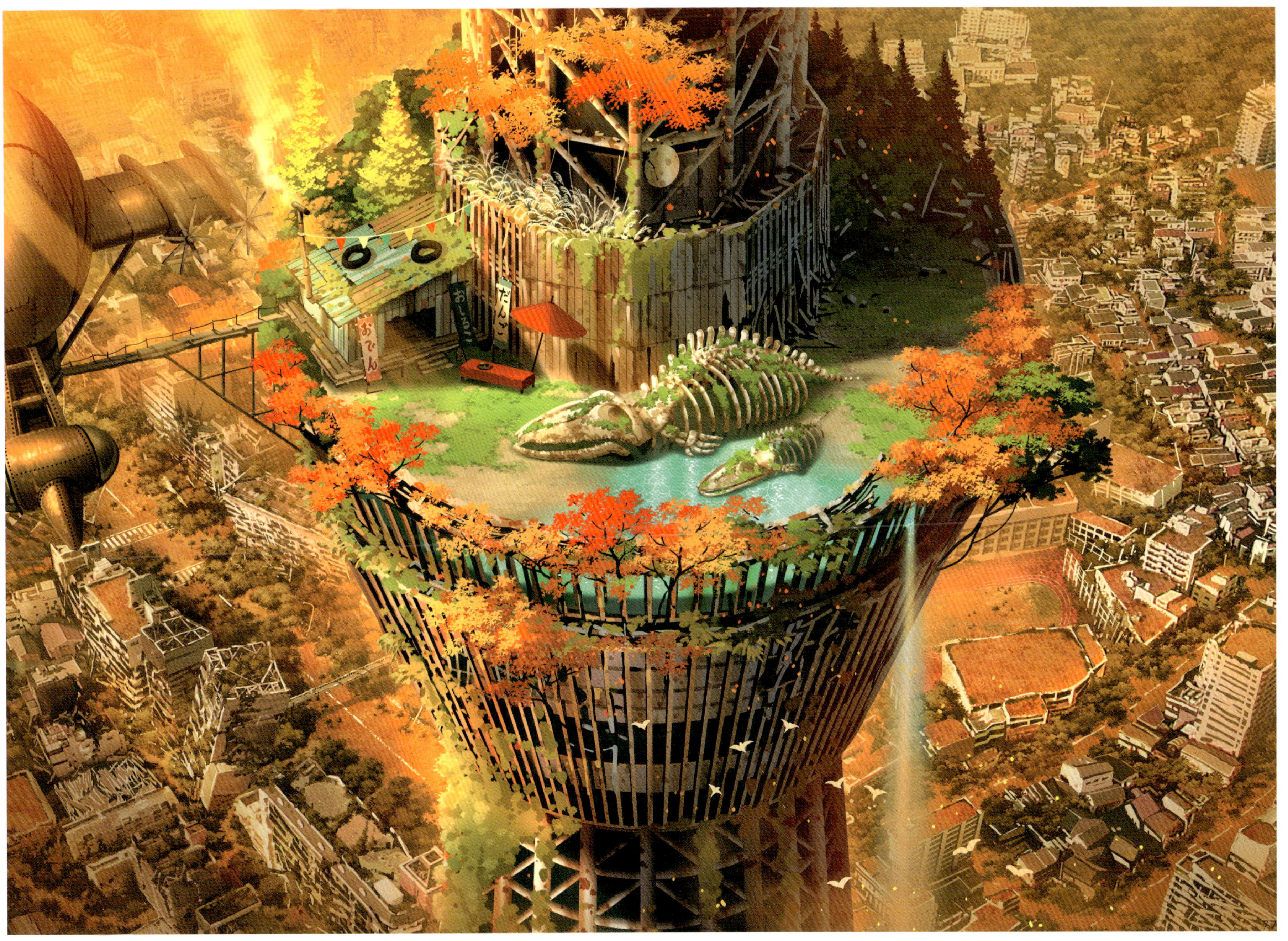
おでん
おしるこ
だんご

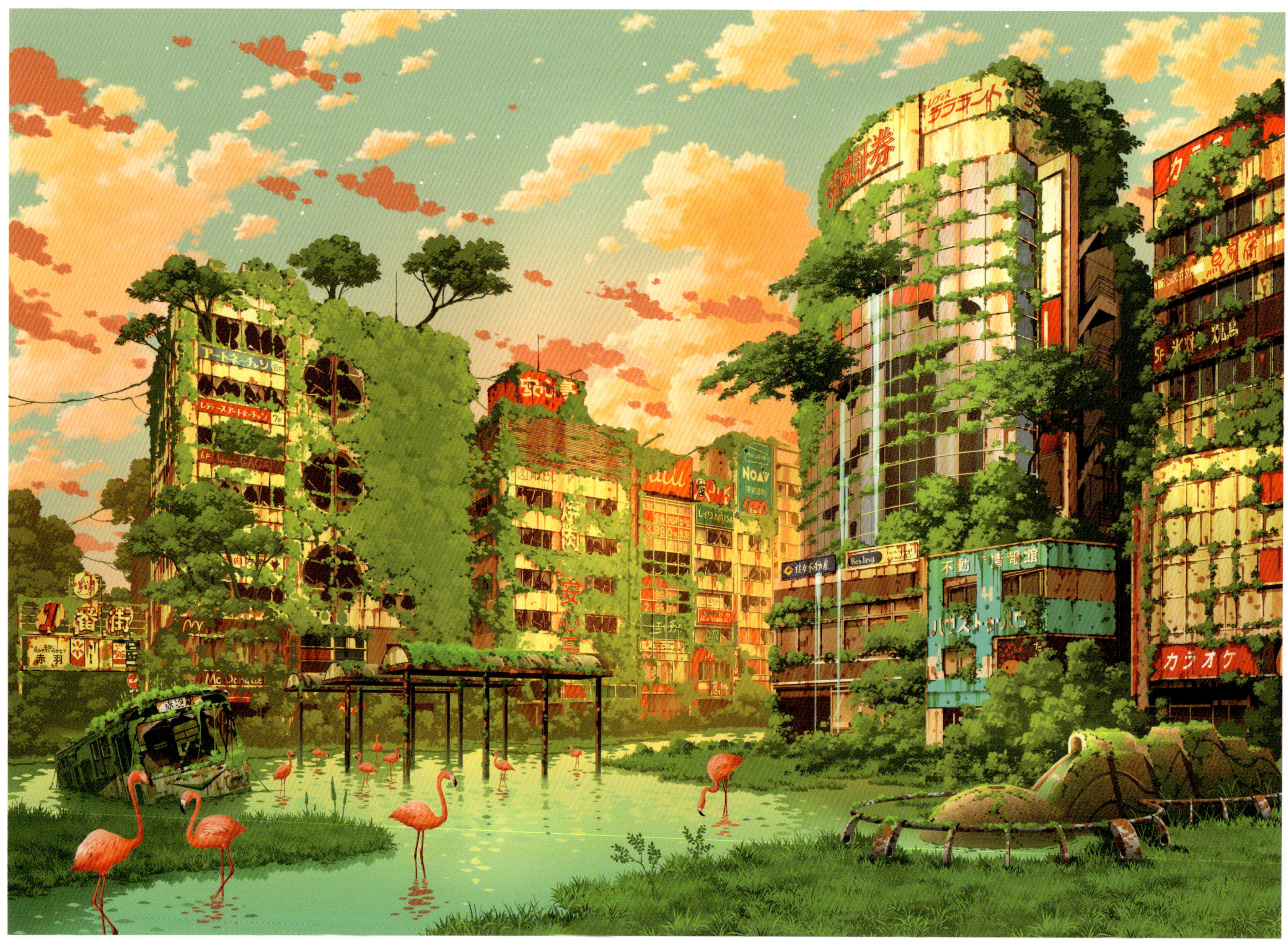

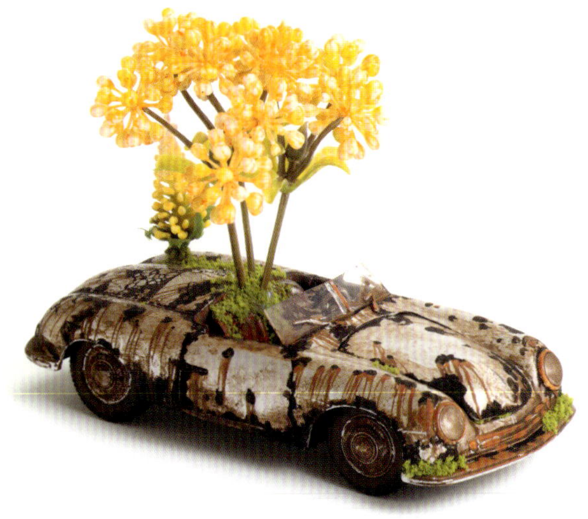

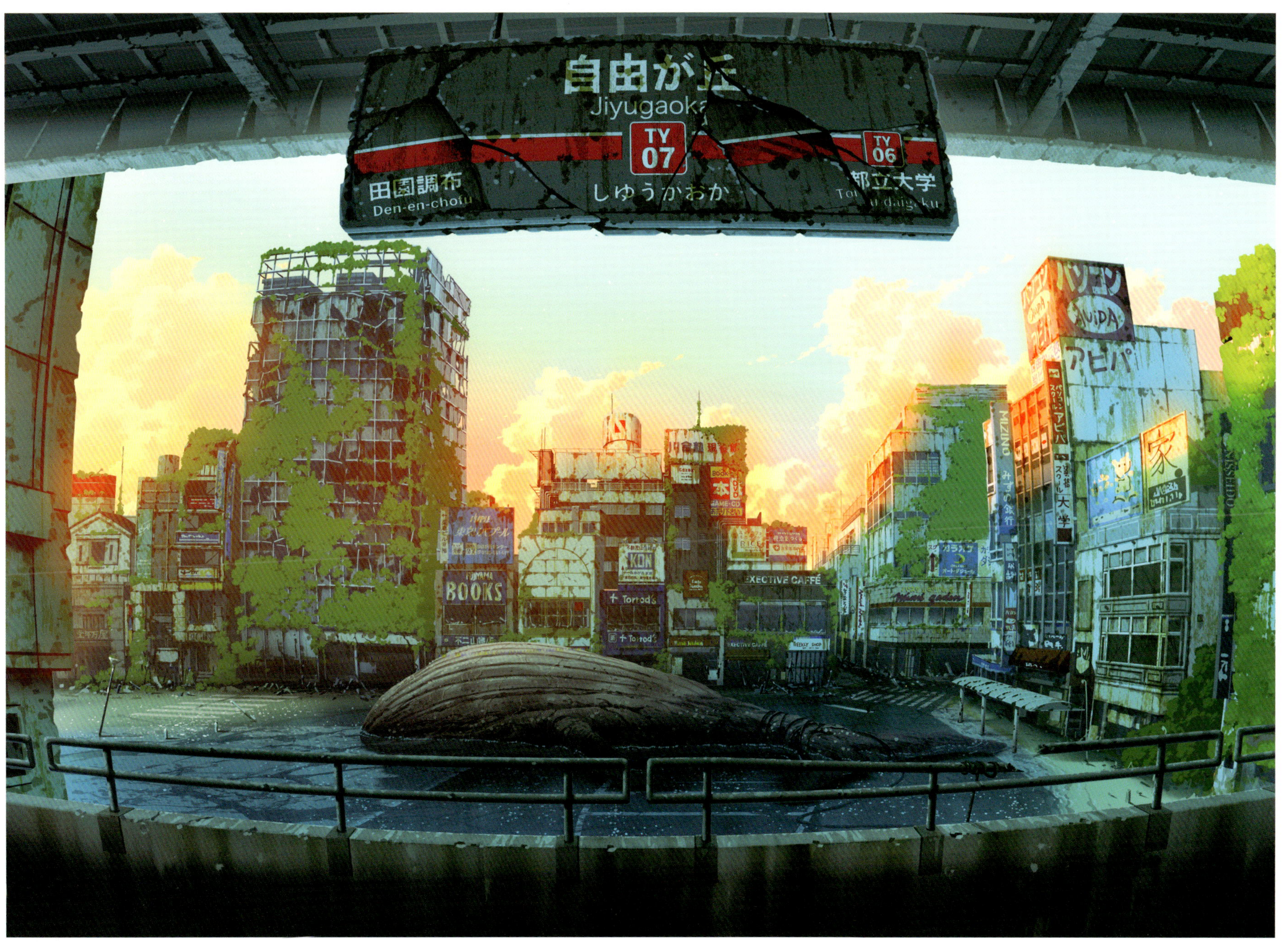
自由が丘
Jiyugaoka
TY 07
TY 06
田園調布
Den-en-chofu
しゆうかおか
郜立大学
BOOKS
EXECTIVE CAFFÉ
Tortod's
BOOKS
アヒバ
大学

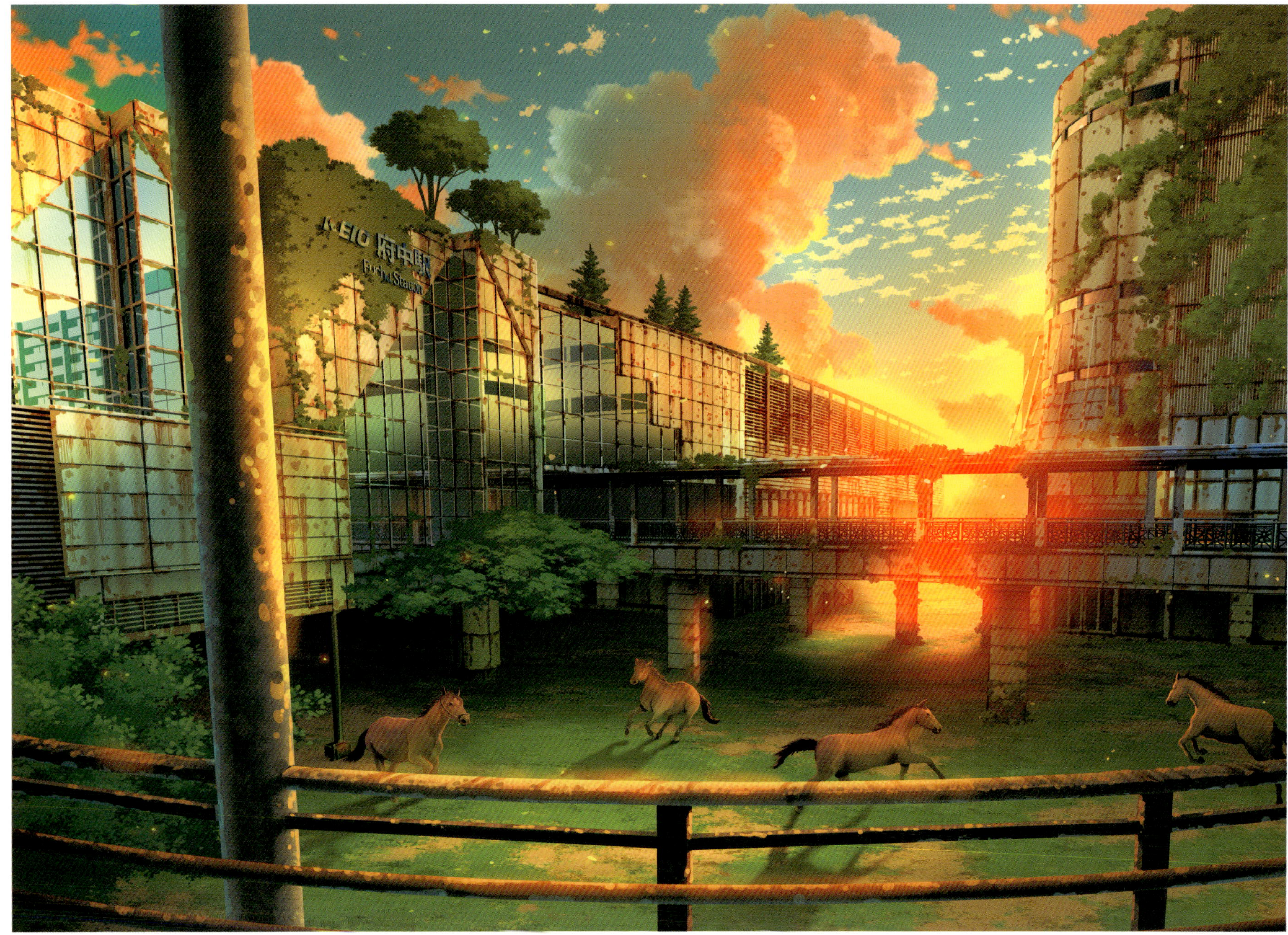

KEIO 府中駅
Fuchu Station

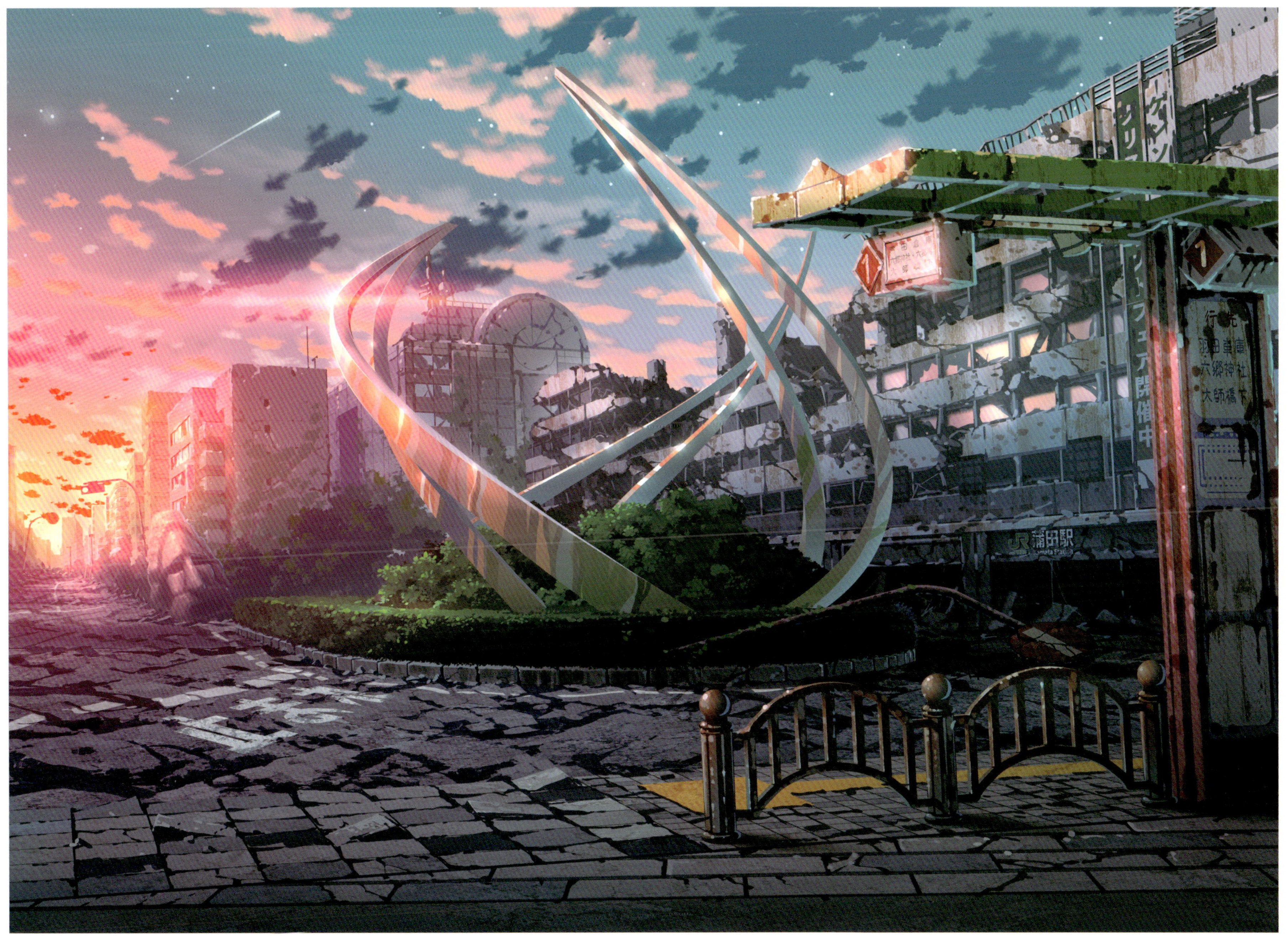
JR 蒲田駅
Kamata Station
ショップフェア開催中
行先
羽田車庫
六郷神社
大師橋下

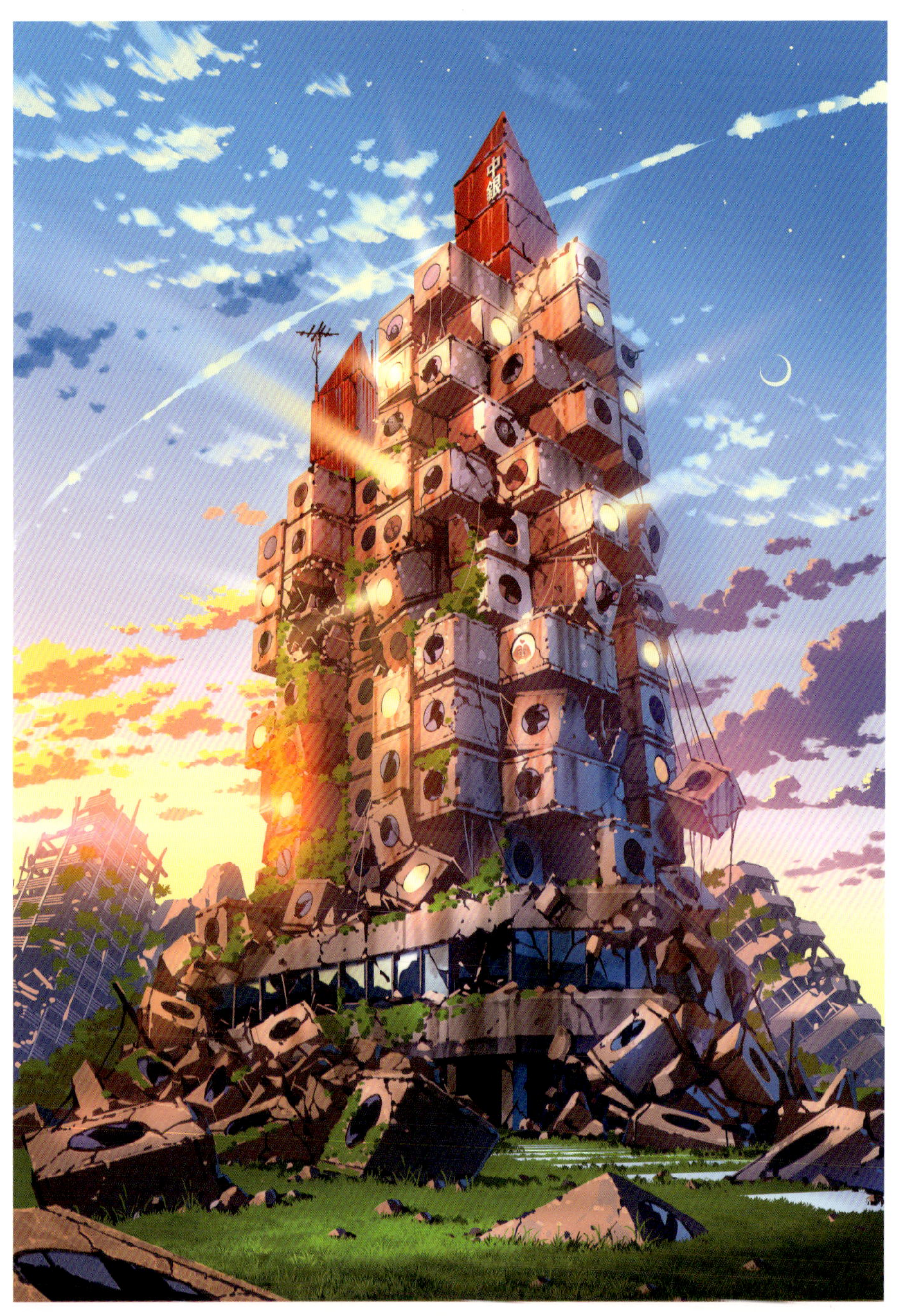

中銀

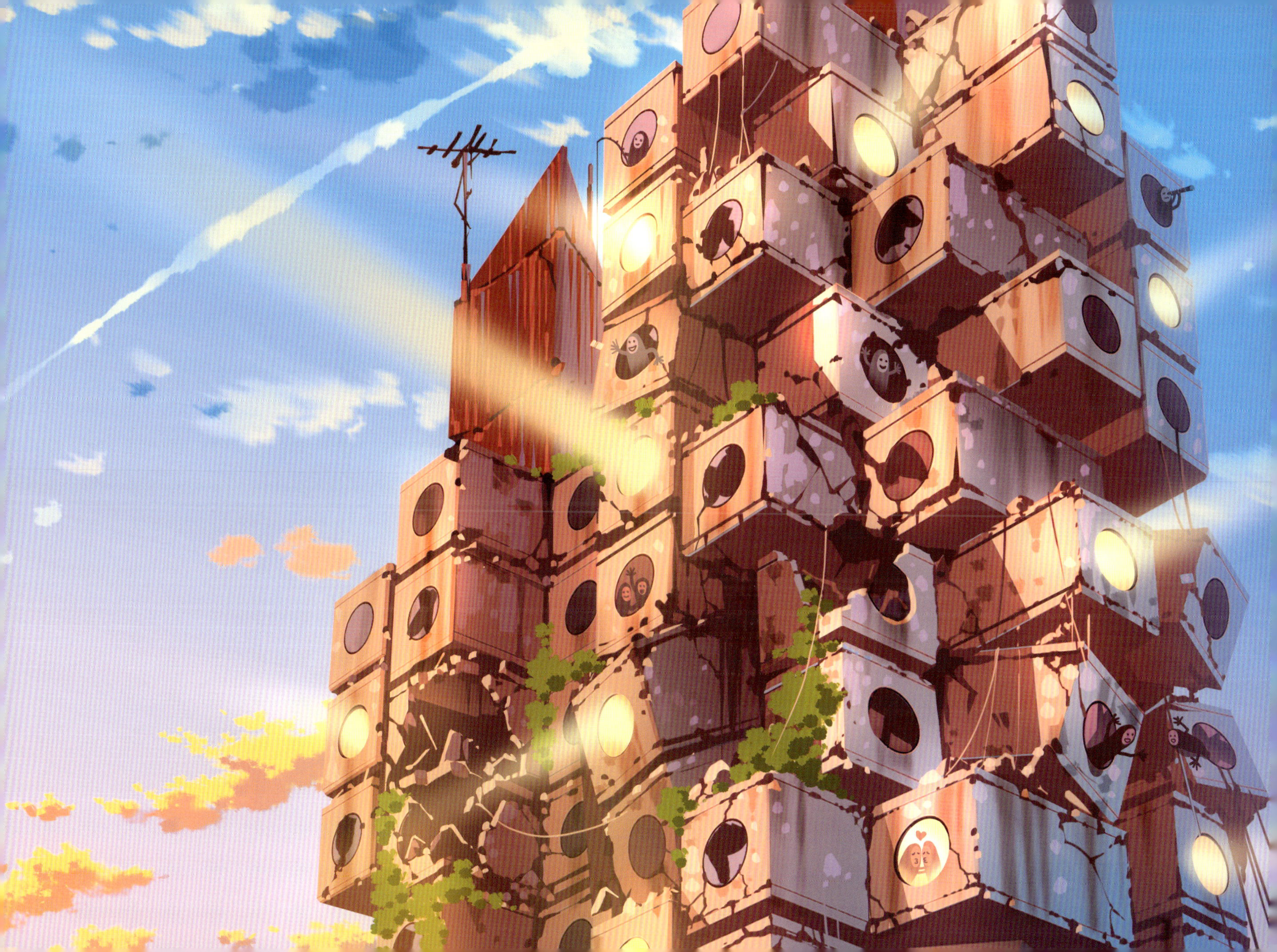

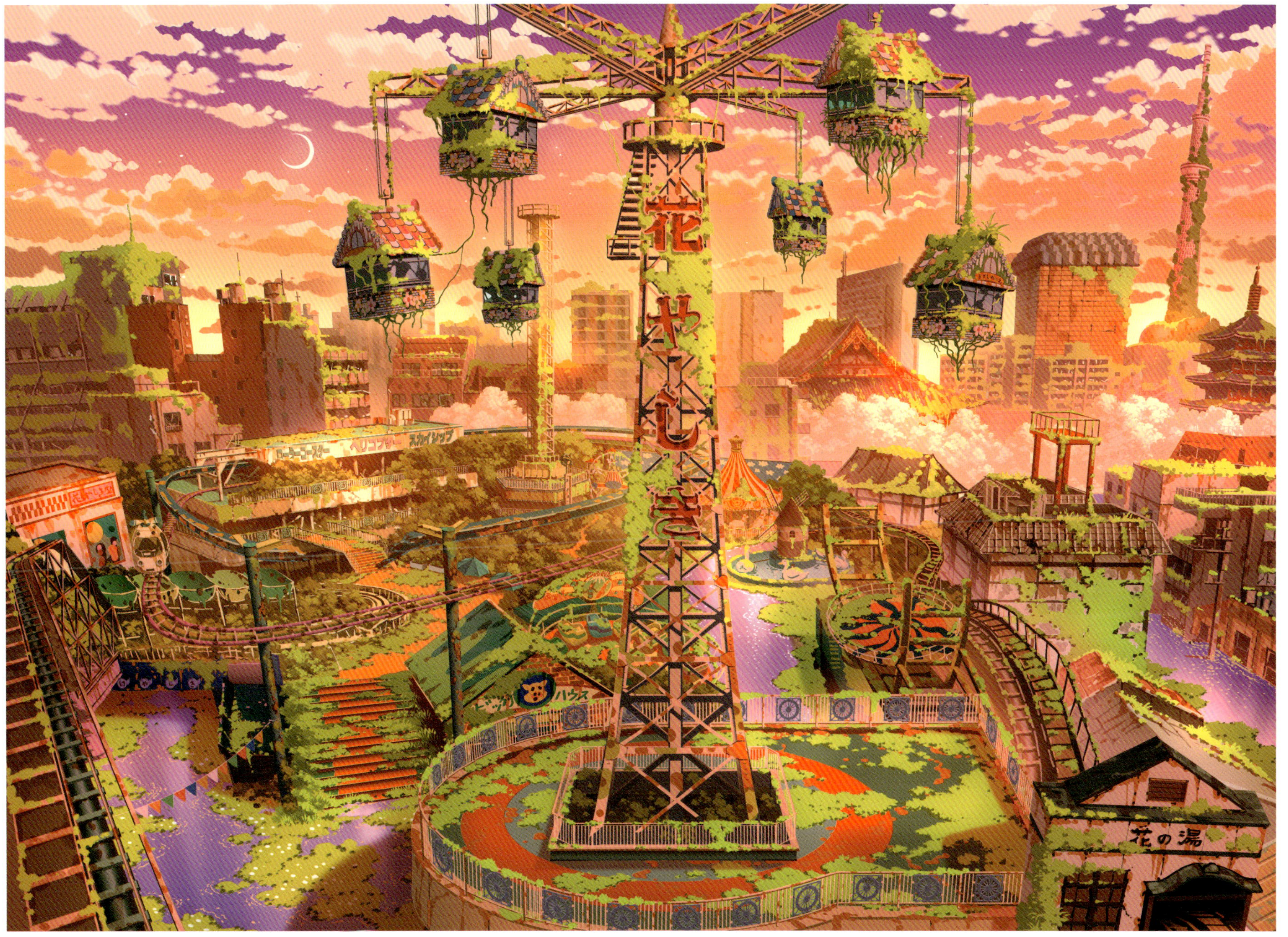

花やしき
花の湯

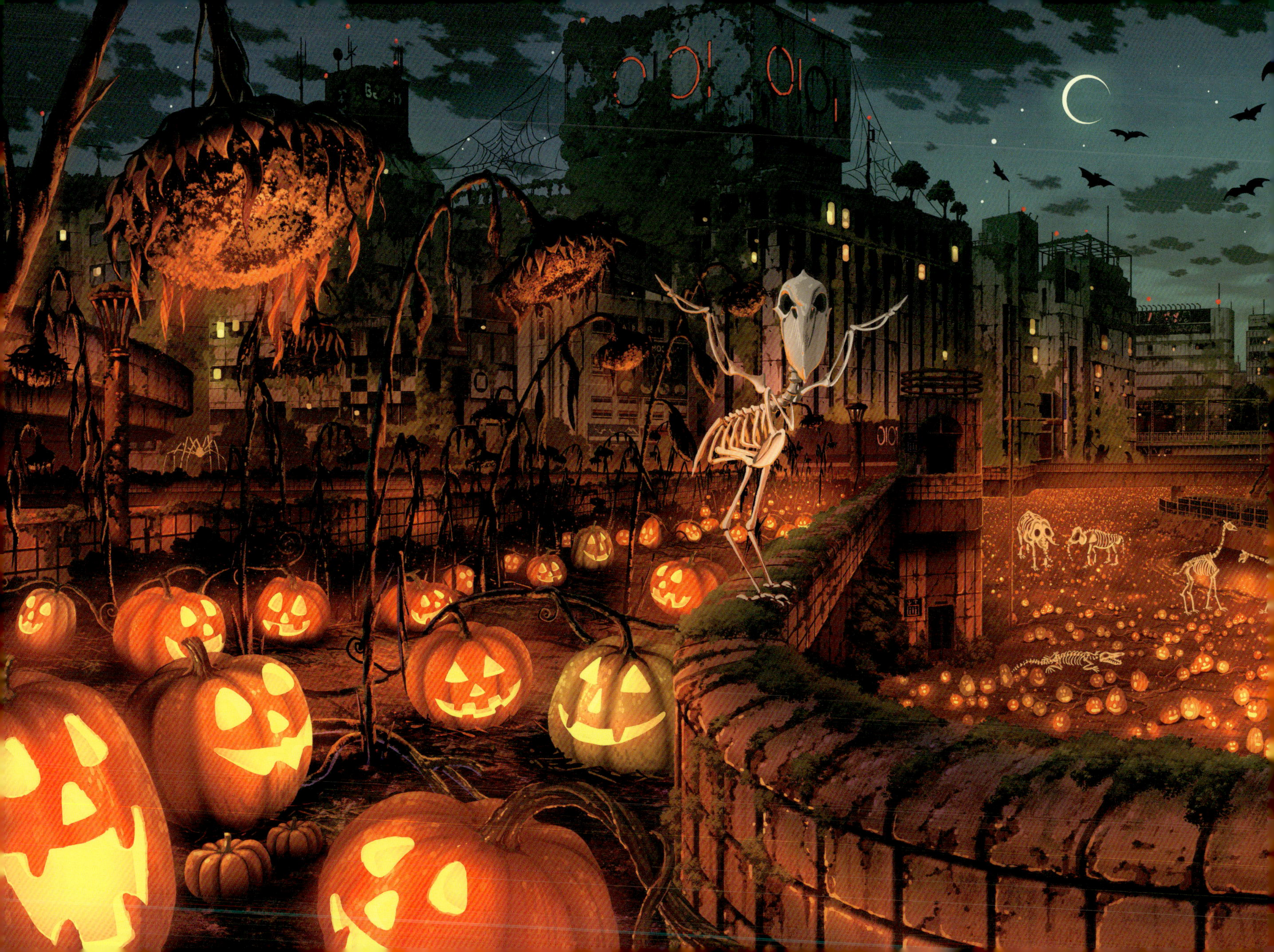

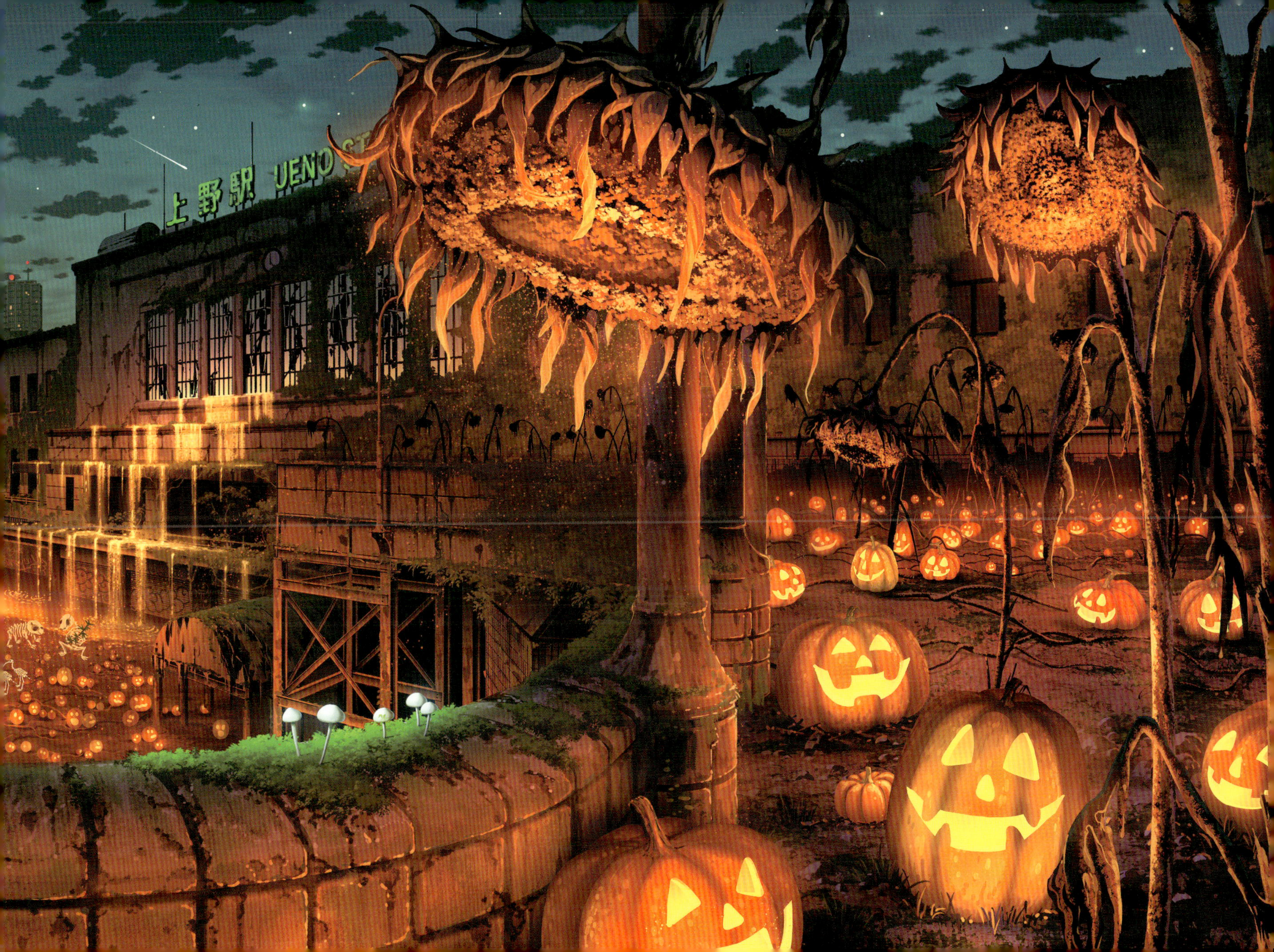

上野駅 UENO ST

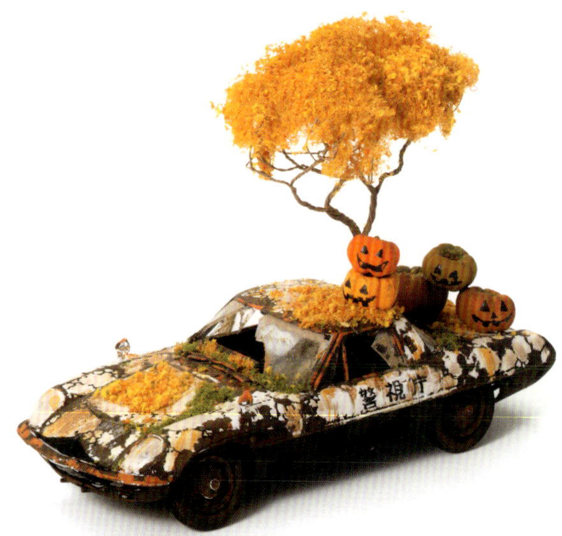

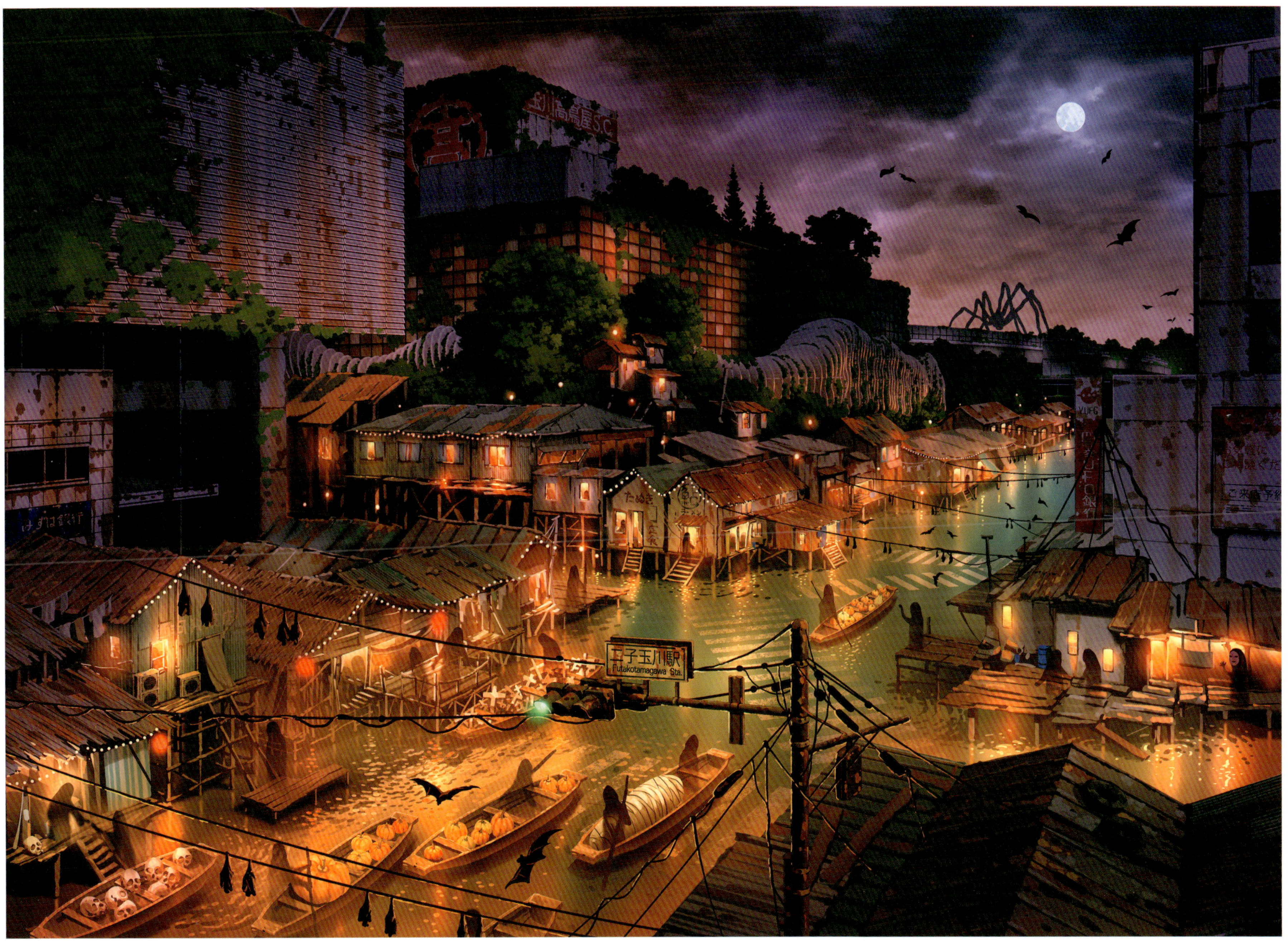
玉川高島屋S.C
二子玉川駅
Futakotamagawa Sta.

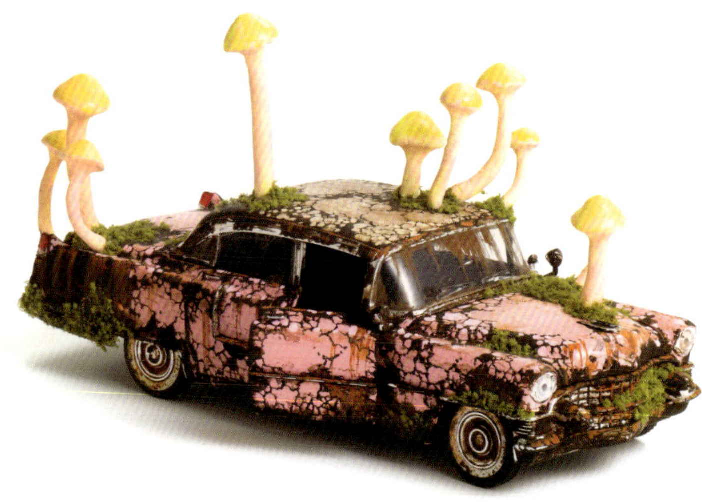

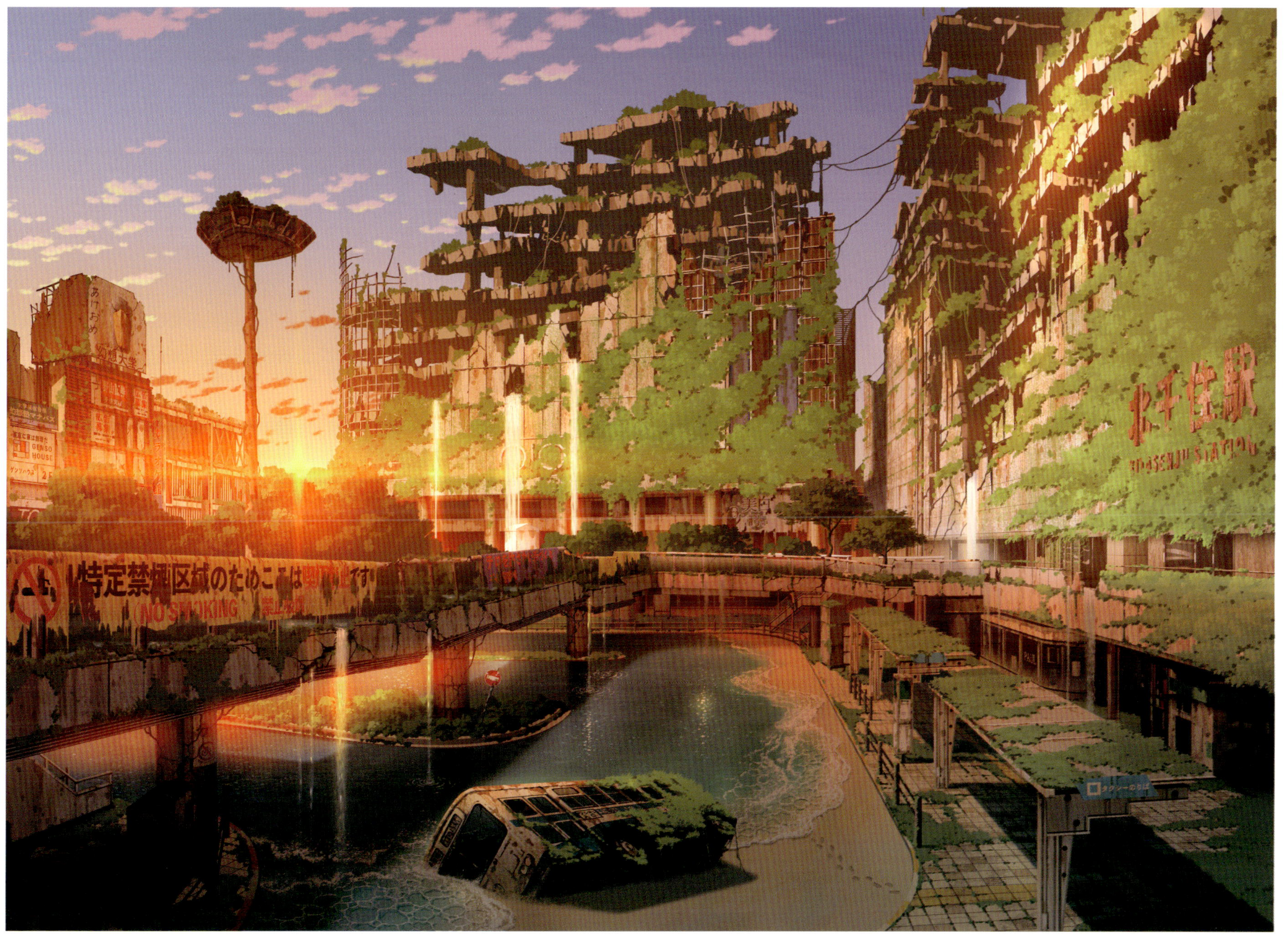
特定禁煙区域のためここでは喫煙禁止です
NO SMOKING
北千住駅
KITASENJU STATION
GENGO HOUSE

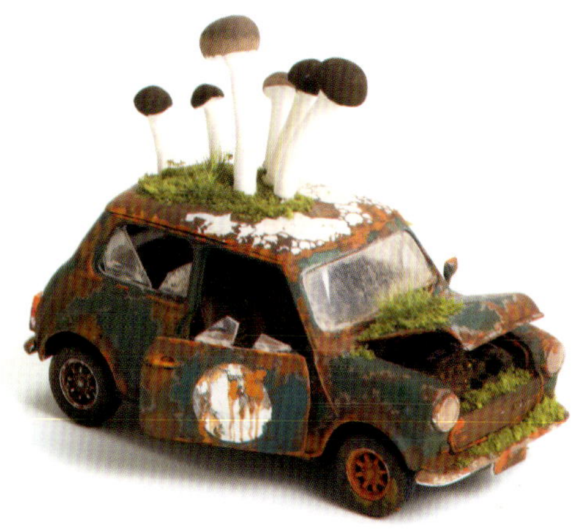

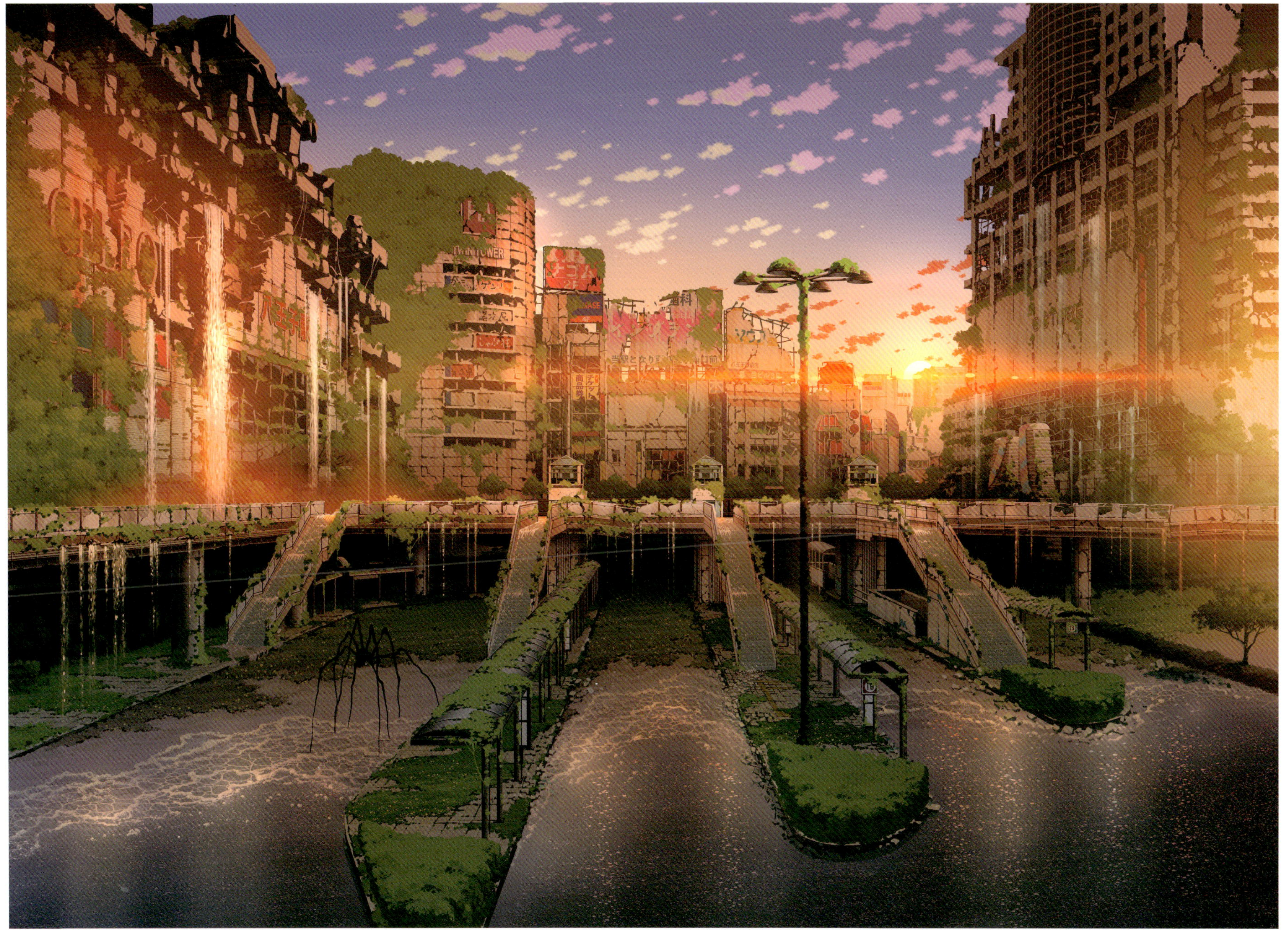

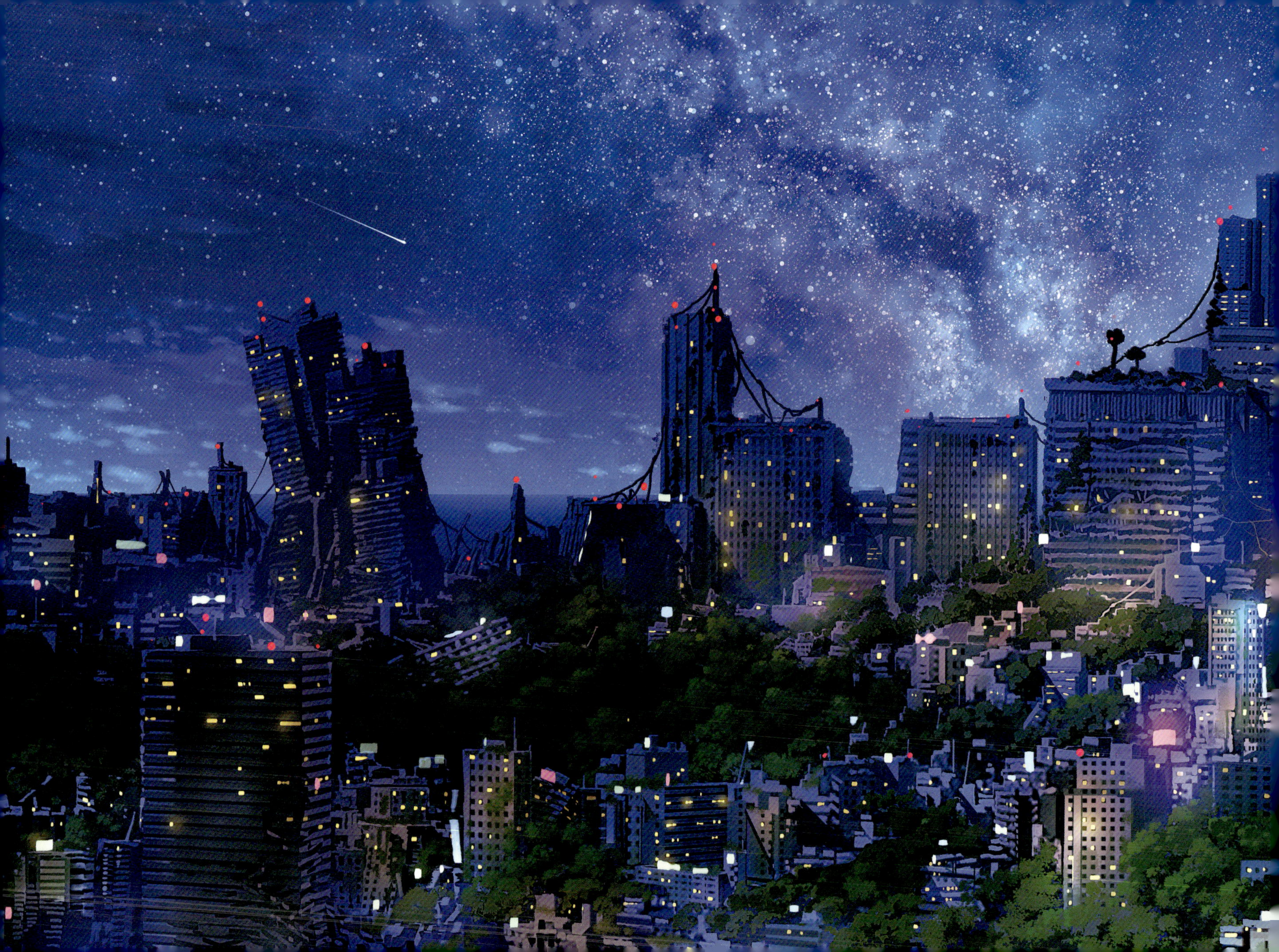

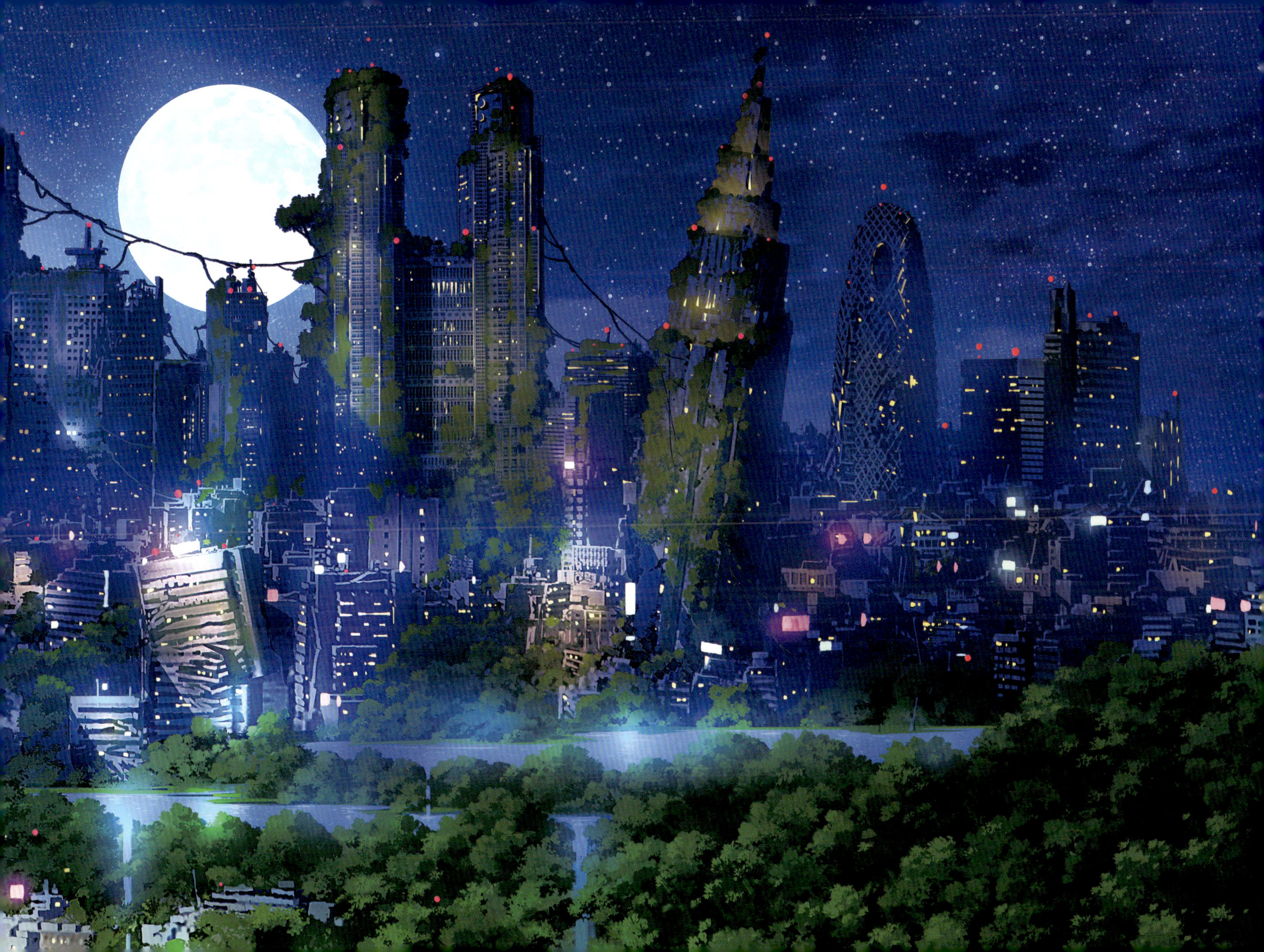

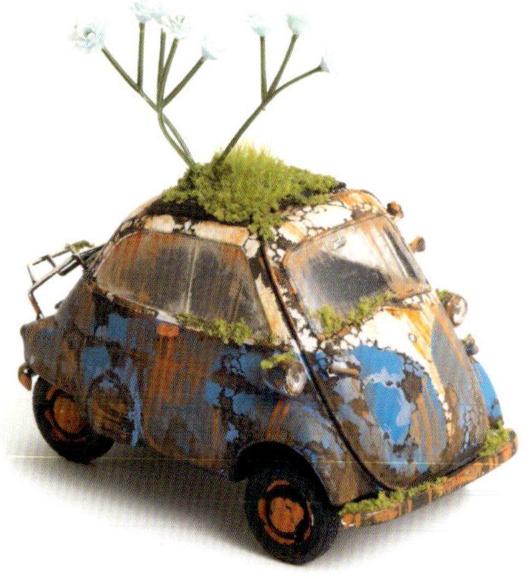

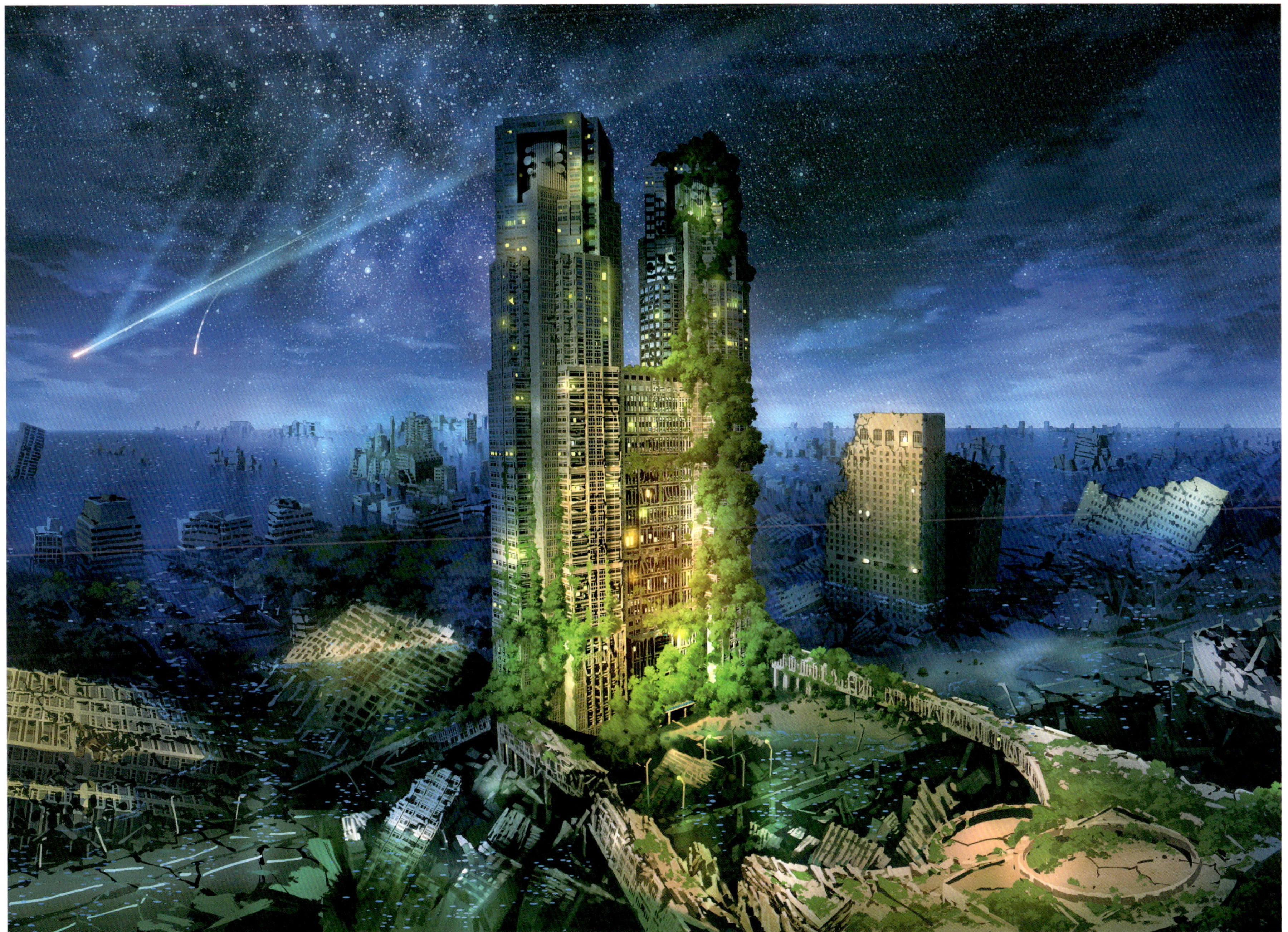

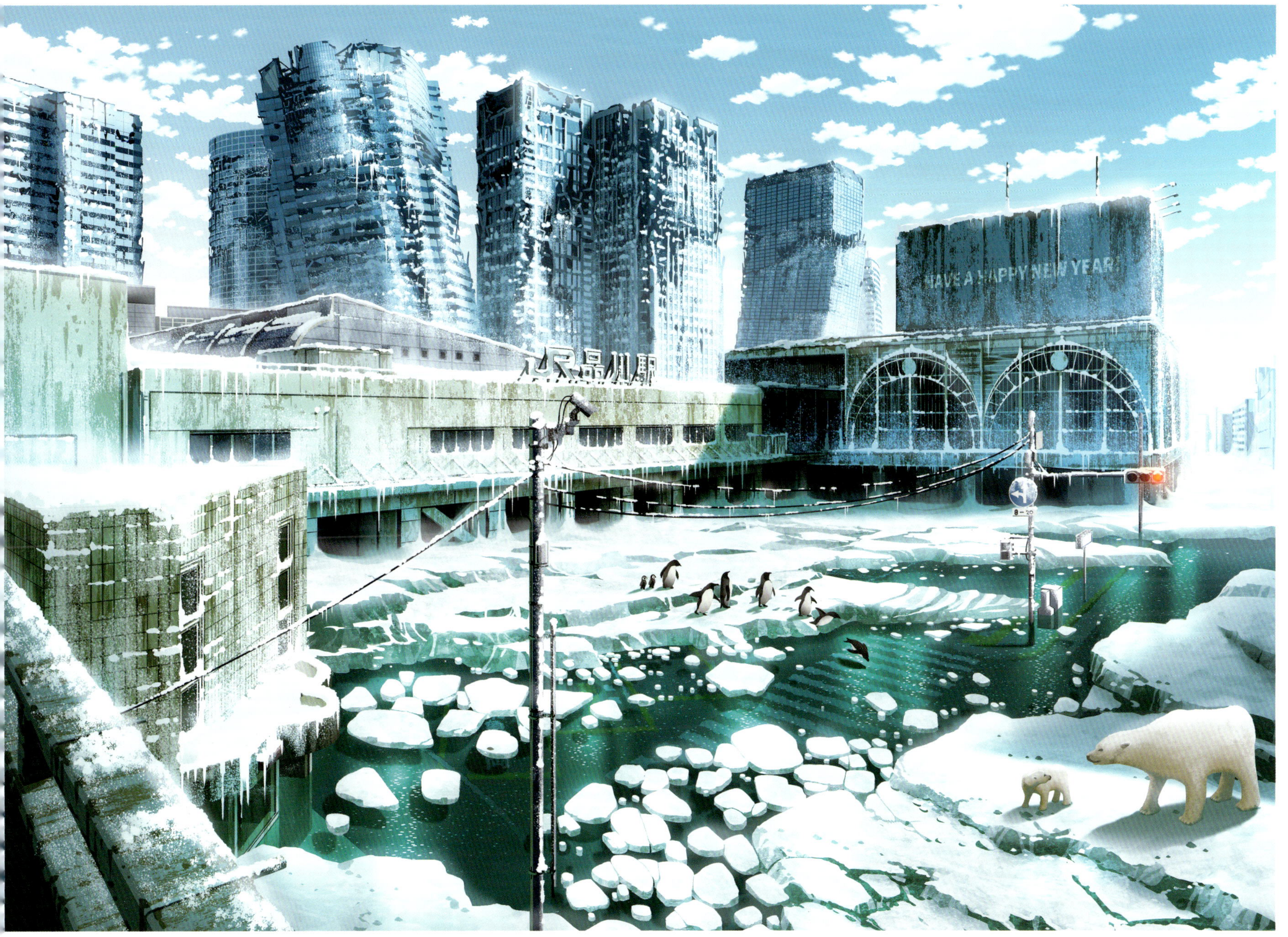
JR 品川駅
HAVE A HAPPY NEW YEAR!

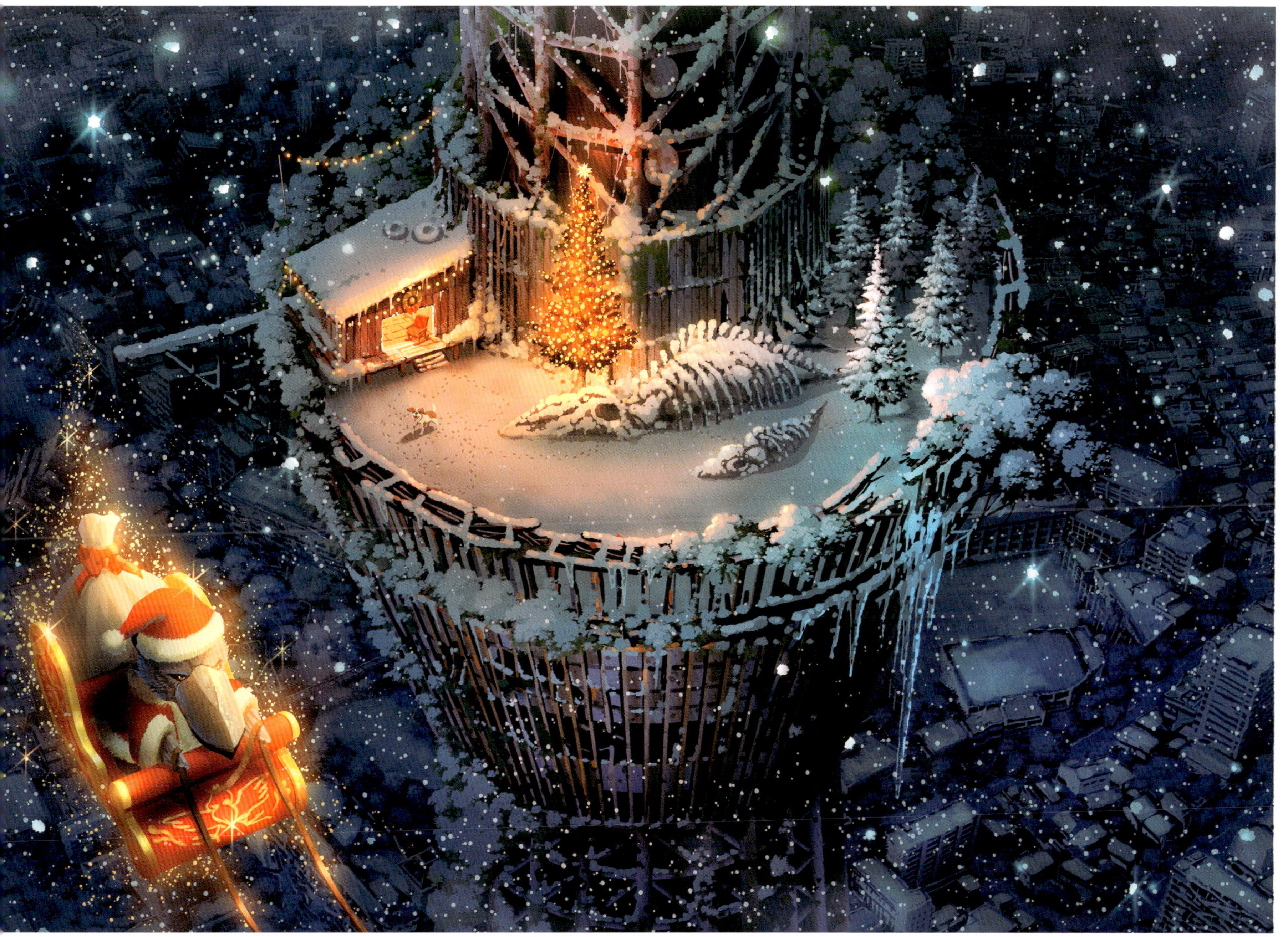

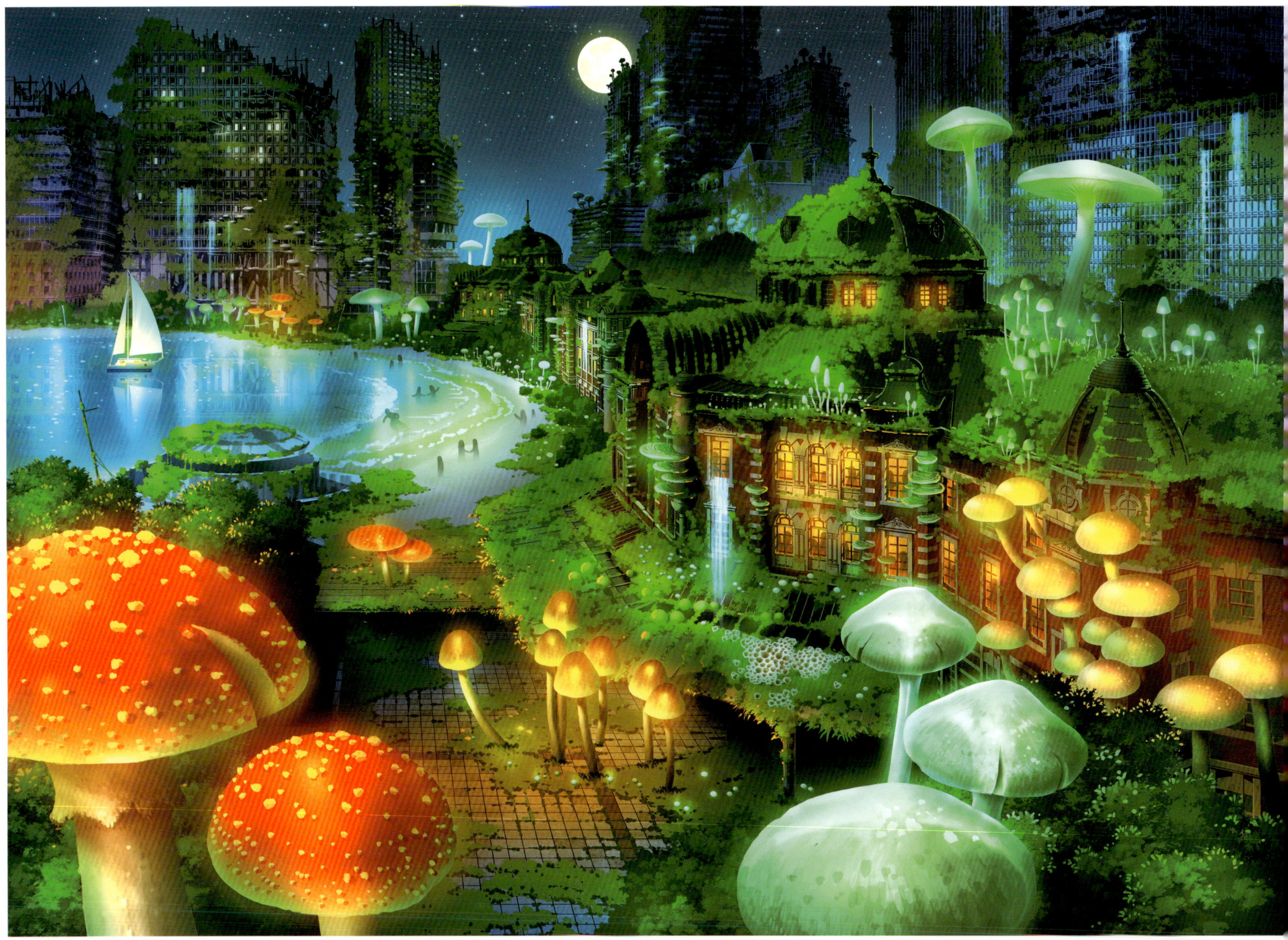

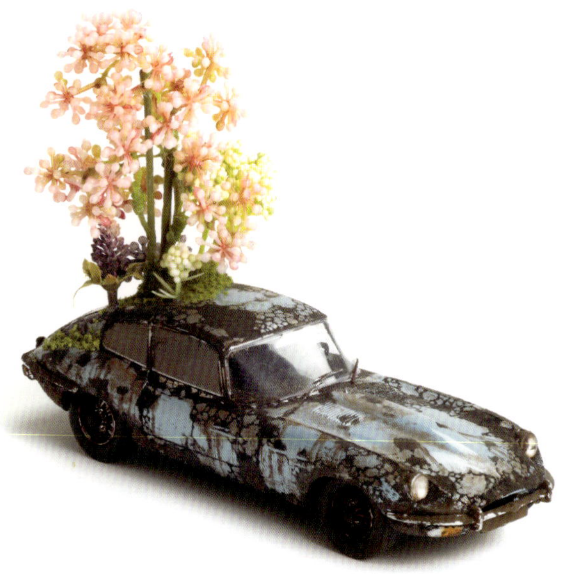

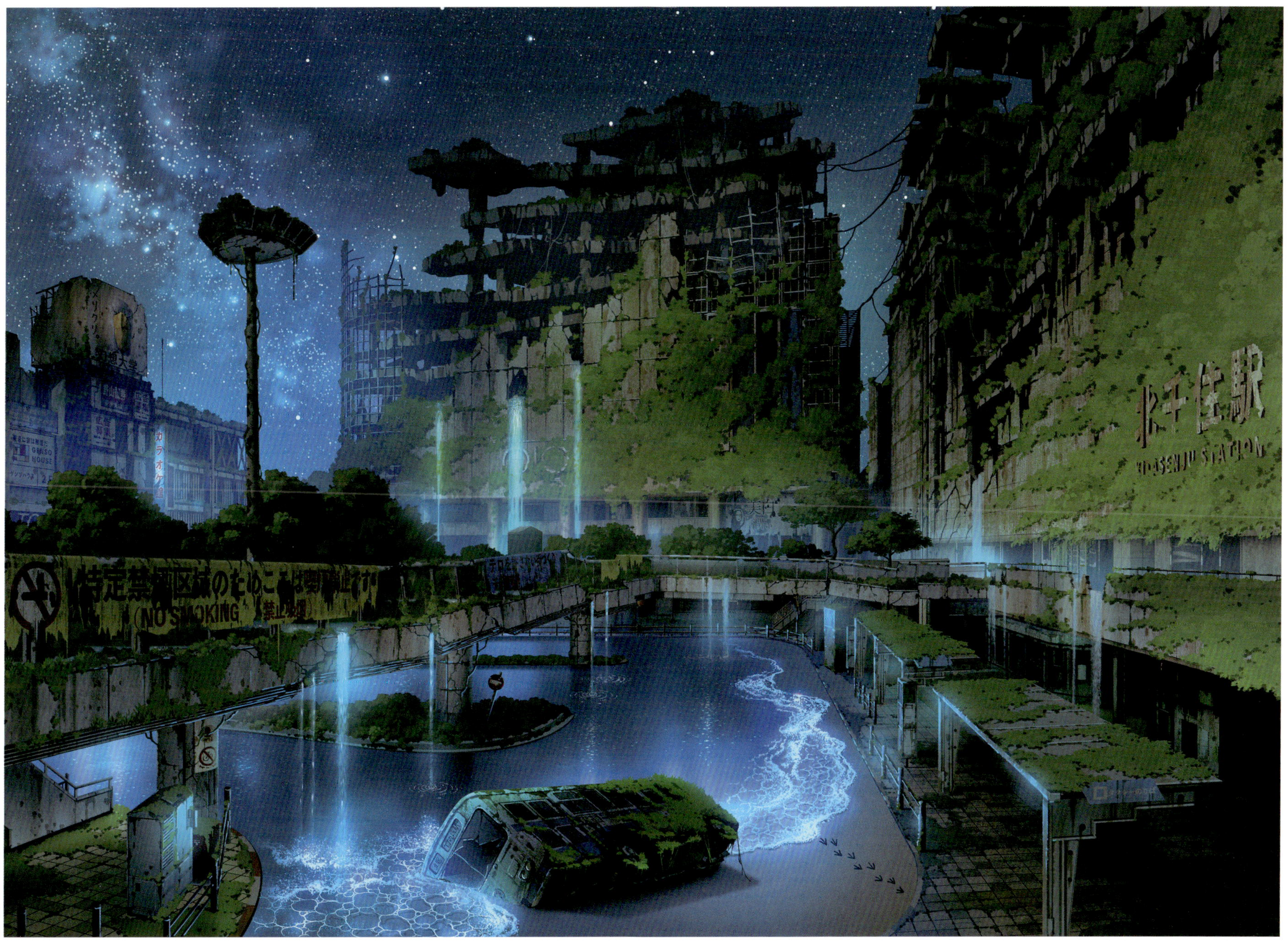
北千住駅
TO-SENJU STATION
特定禁煙区域のたばこは喫煙禁止です
(NO SMOKING　禁止区域)
カラオケ館
GMISO HOUSE

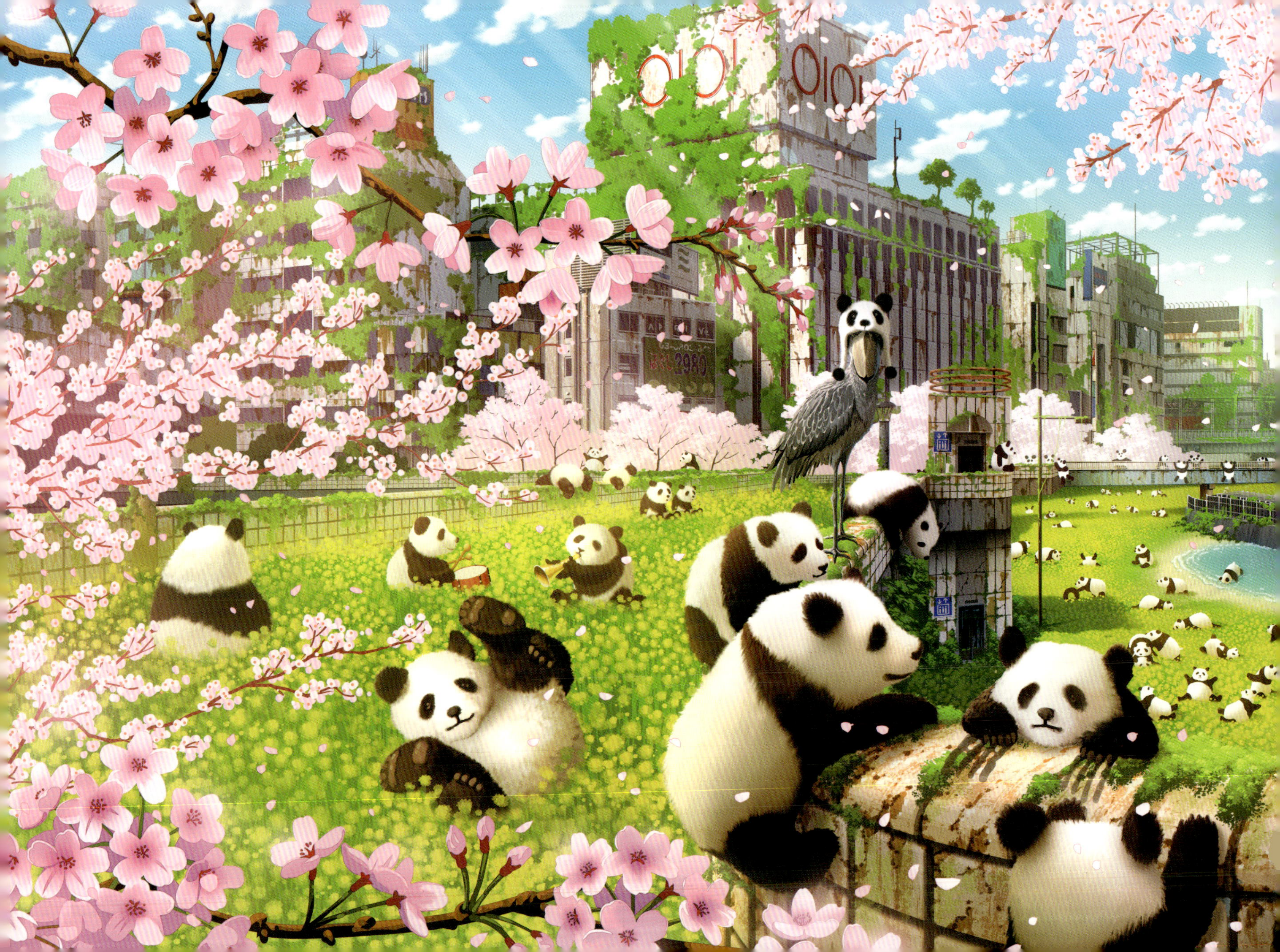

OIOI
OIOI
2980

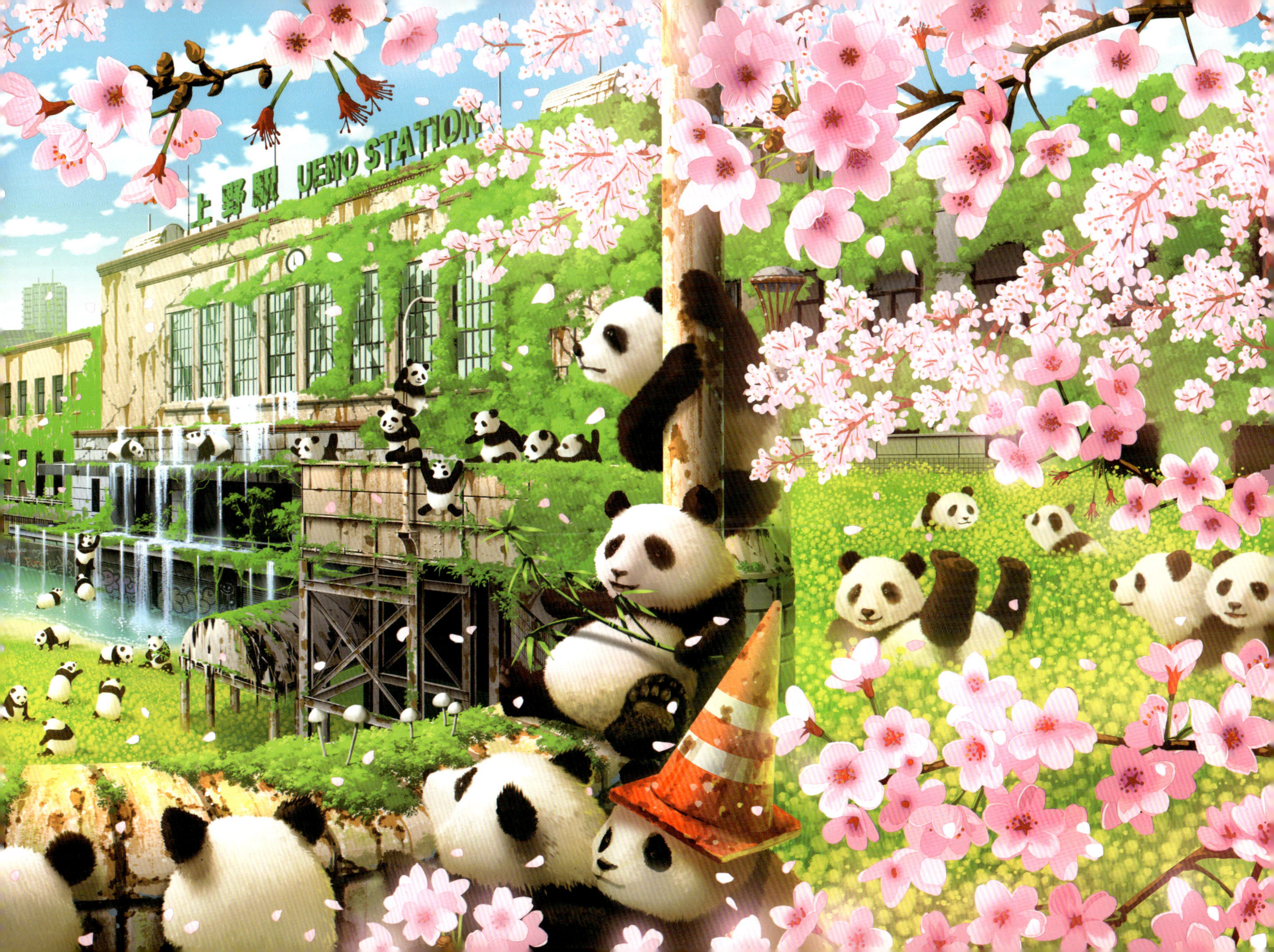

上野駅 UENO STATION

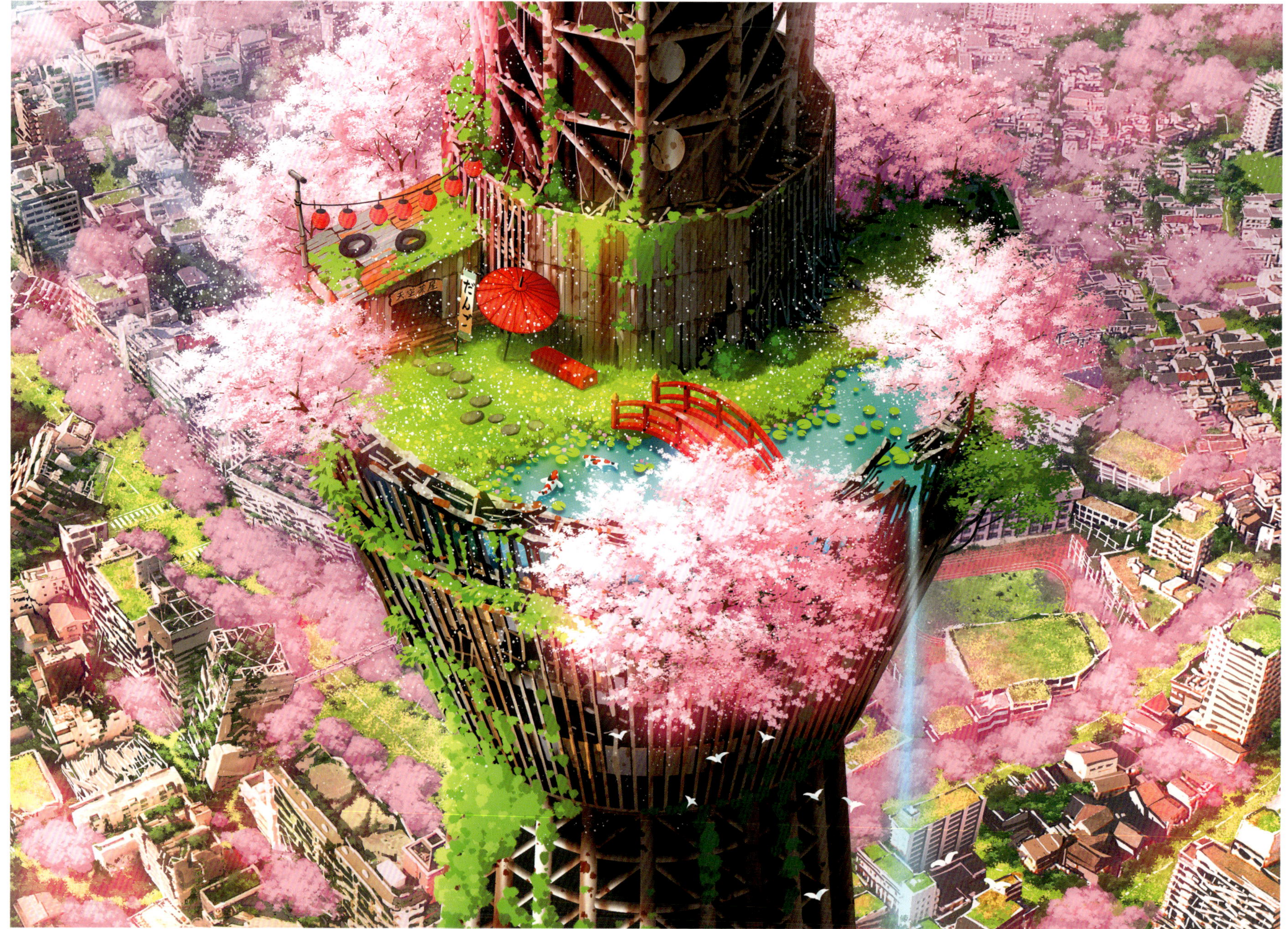
天空茶屋
だんご

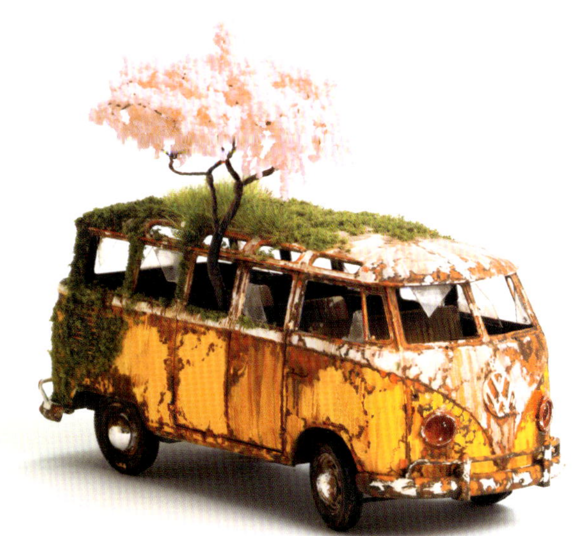

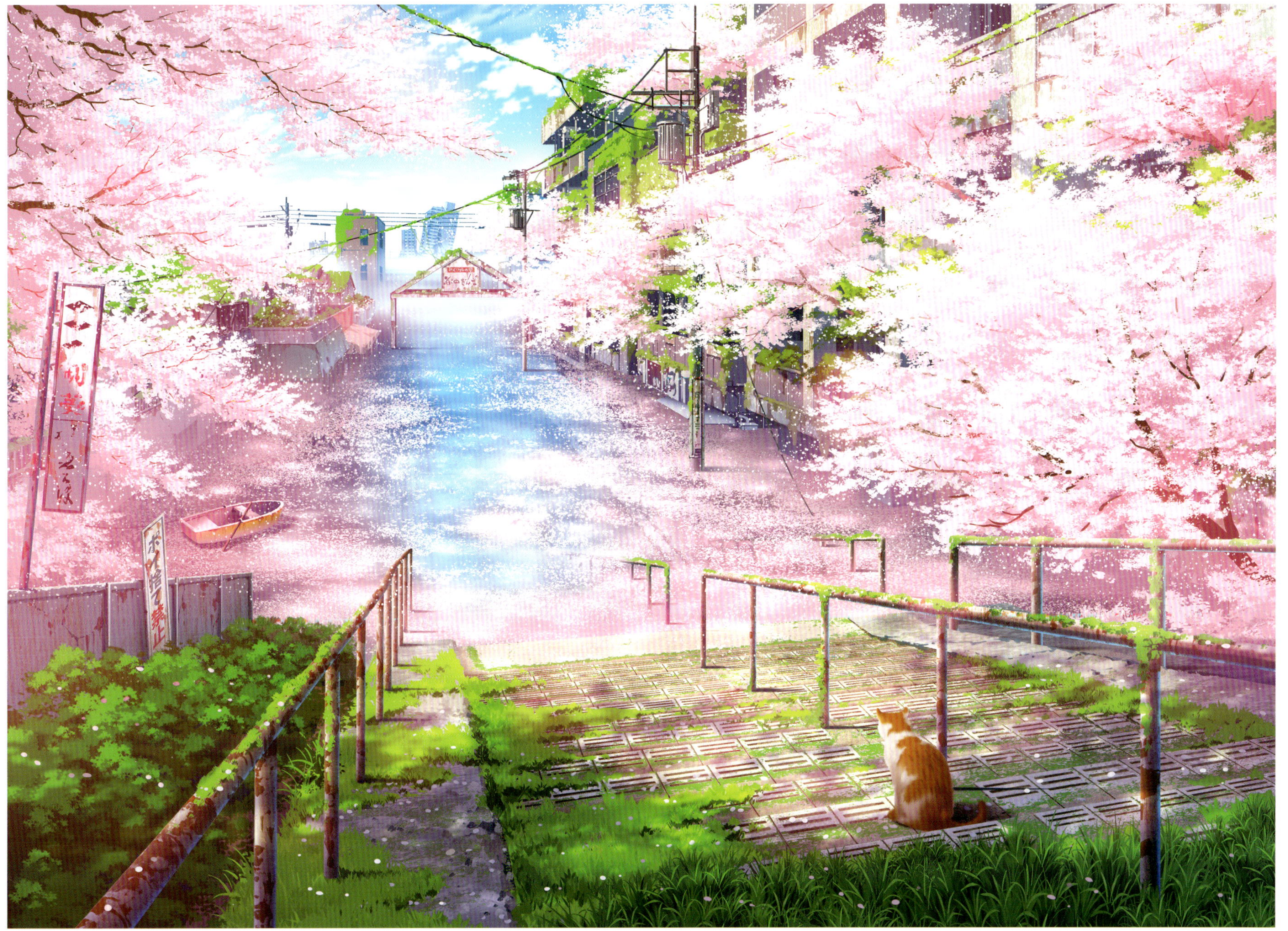

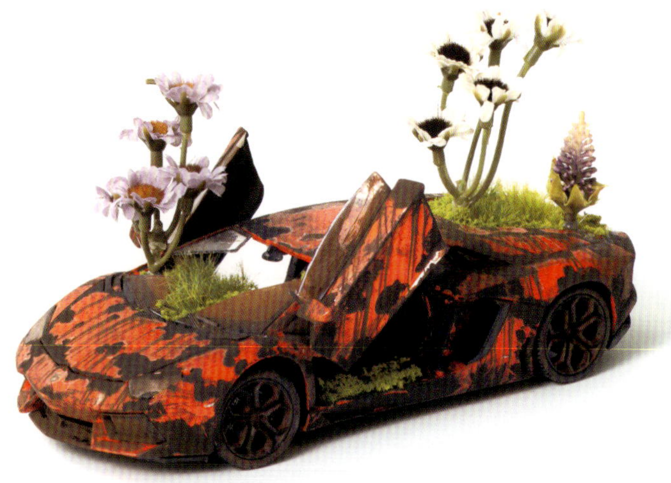

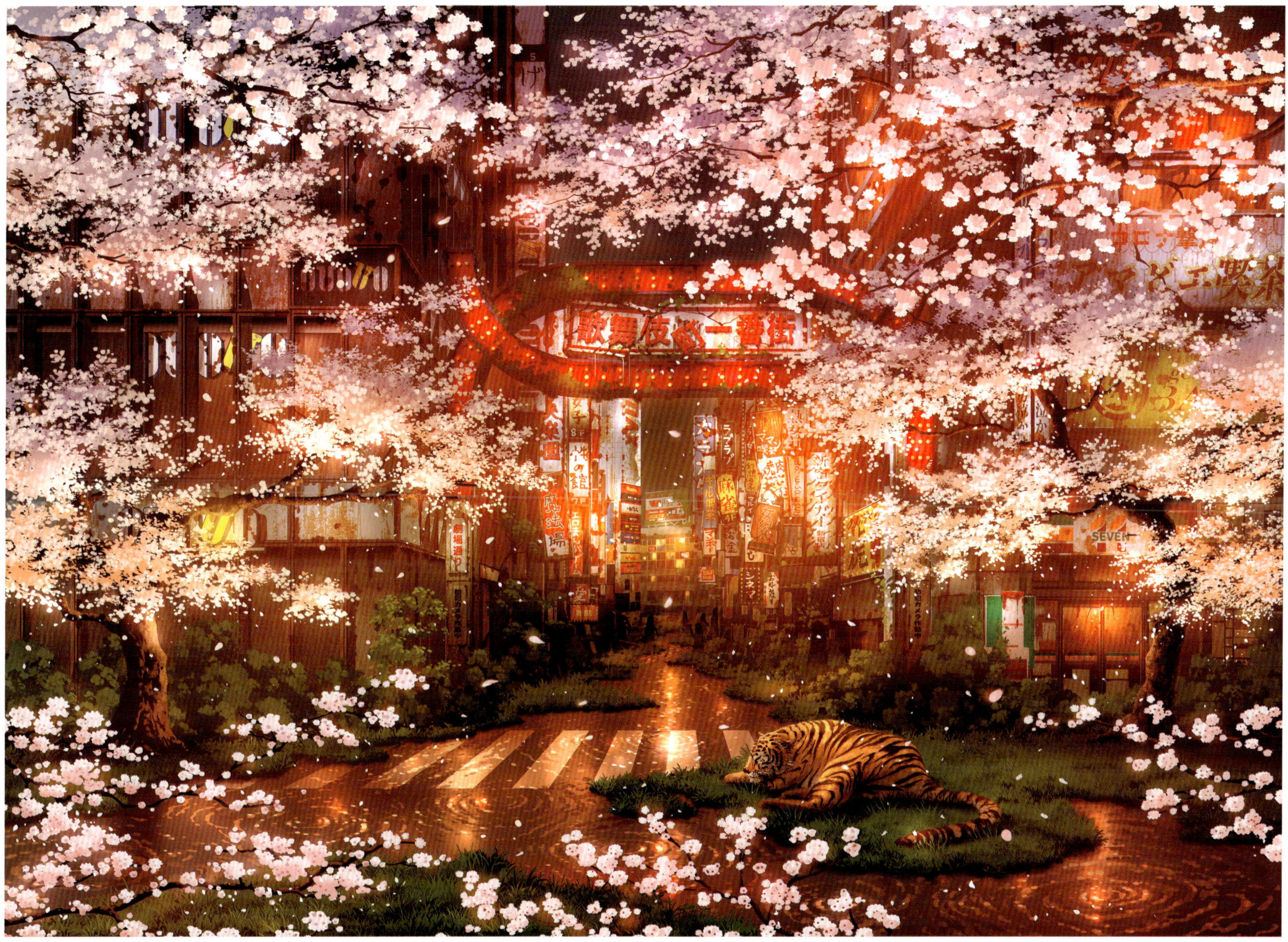
歌舞伎町一番街
アマミエ喫茶
SEVEN

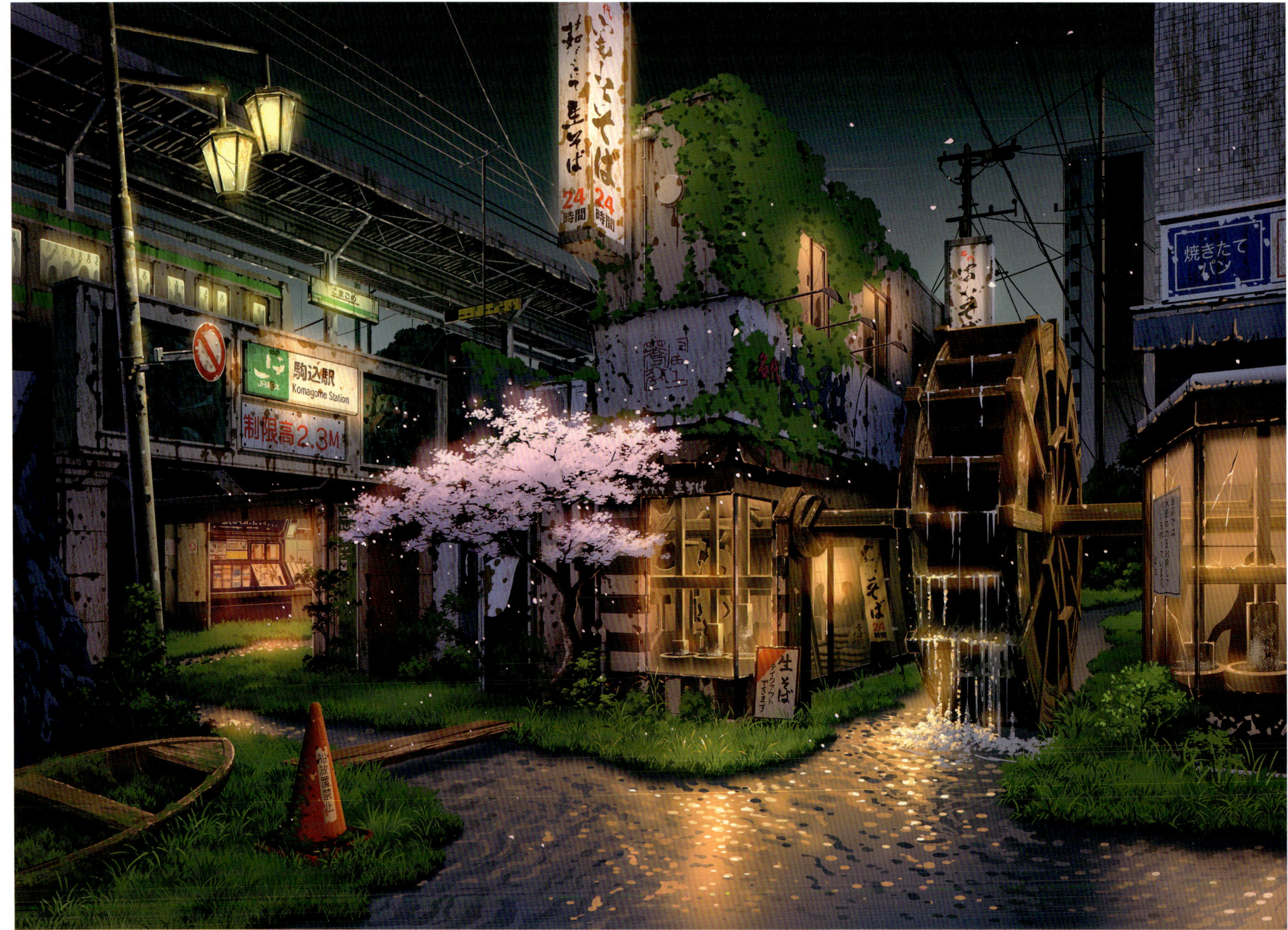
こまごめ
駒込駅
JR東日本
Komagome Station
制限高2.3M
そば
24時間 24時間
生そば
そば
24
焼きたて
パン
生そば
テイクアウト
できます
駐車放置禁止

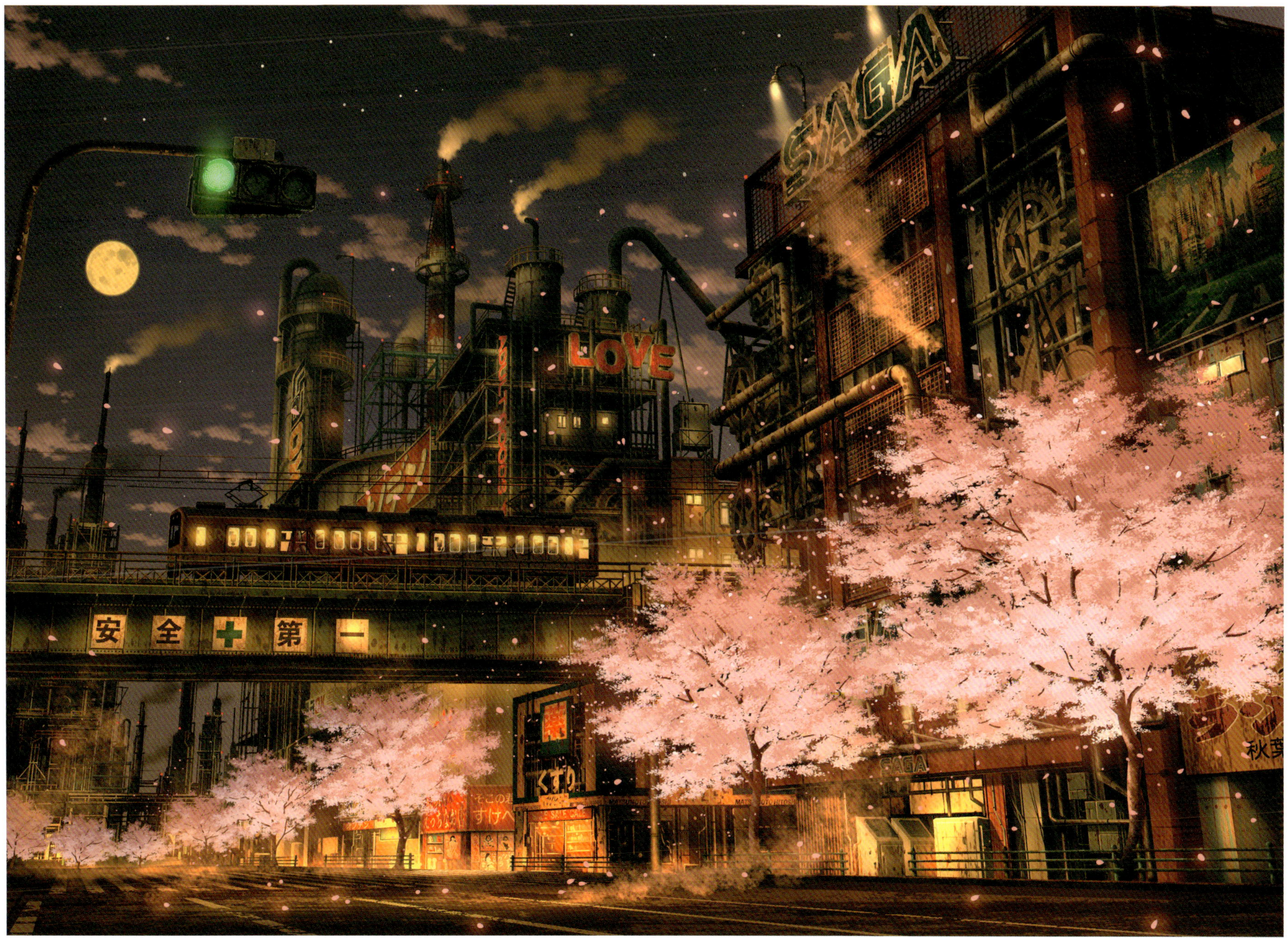

SAGA
LOVE
安全 ✚ 第 一
くすり
秋葉

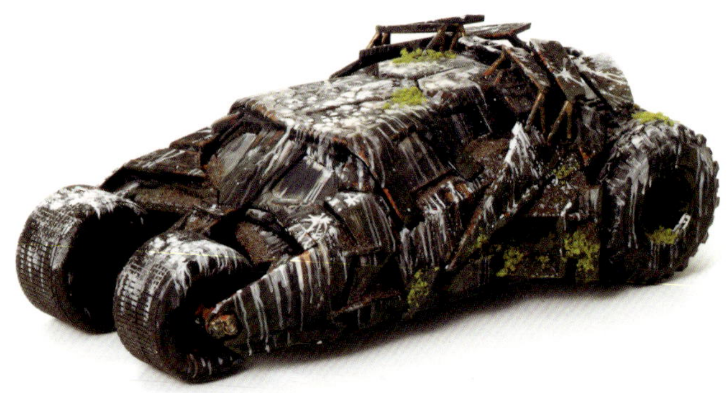

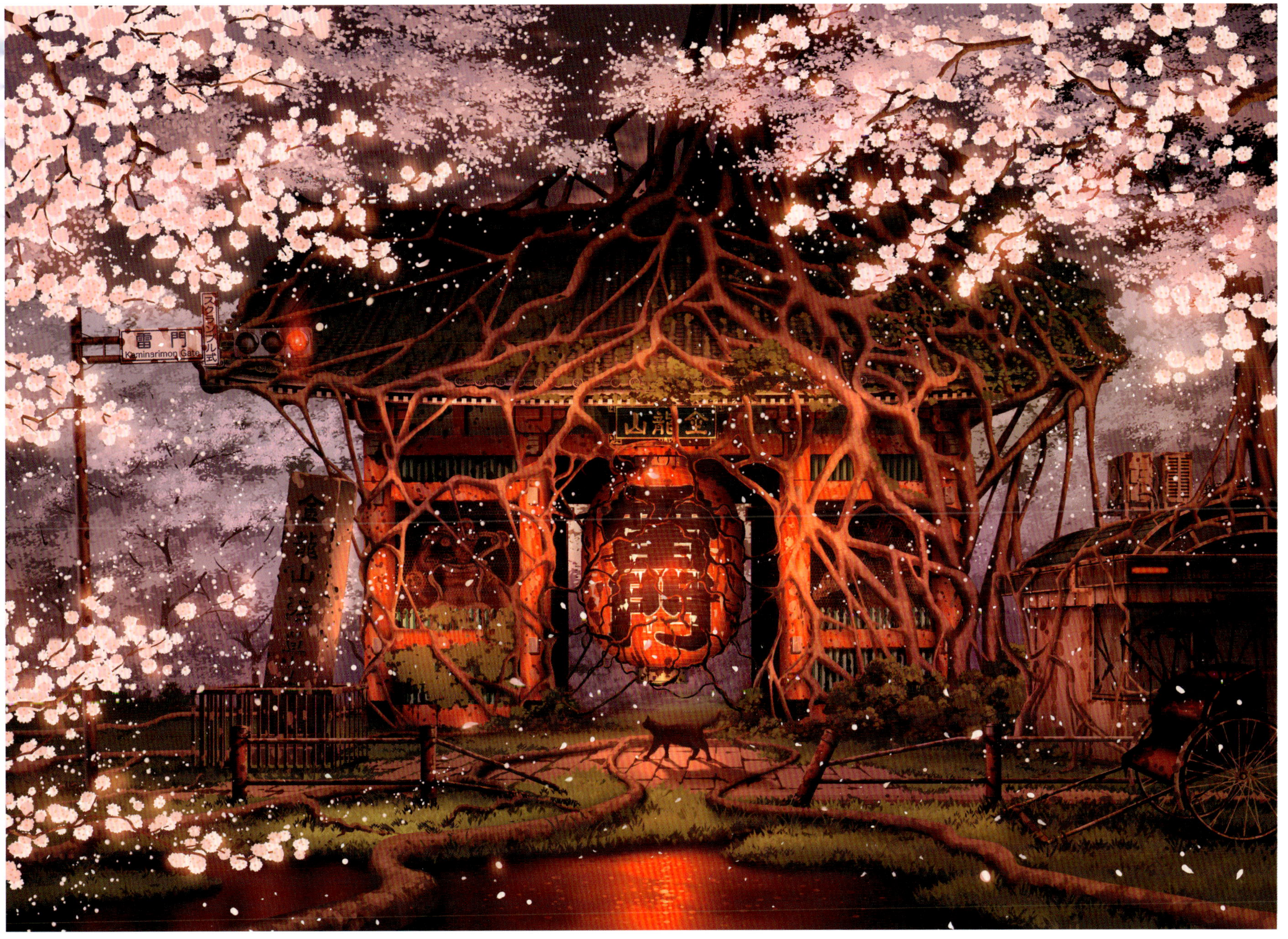
雷門
Kaminarimon Gate
スクランブル式
山龍金

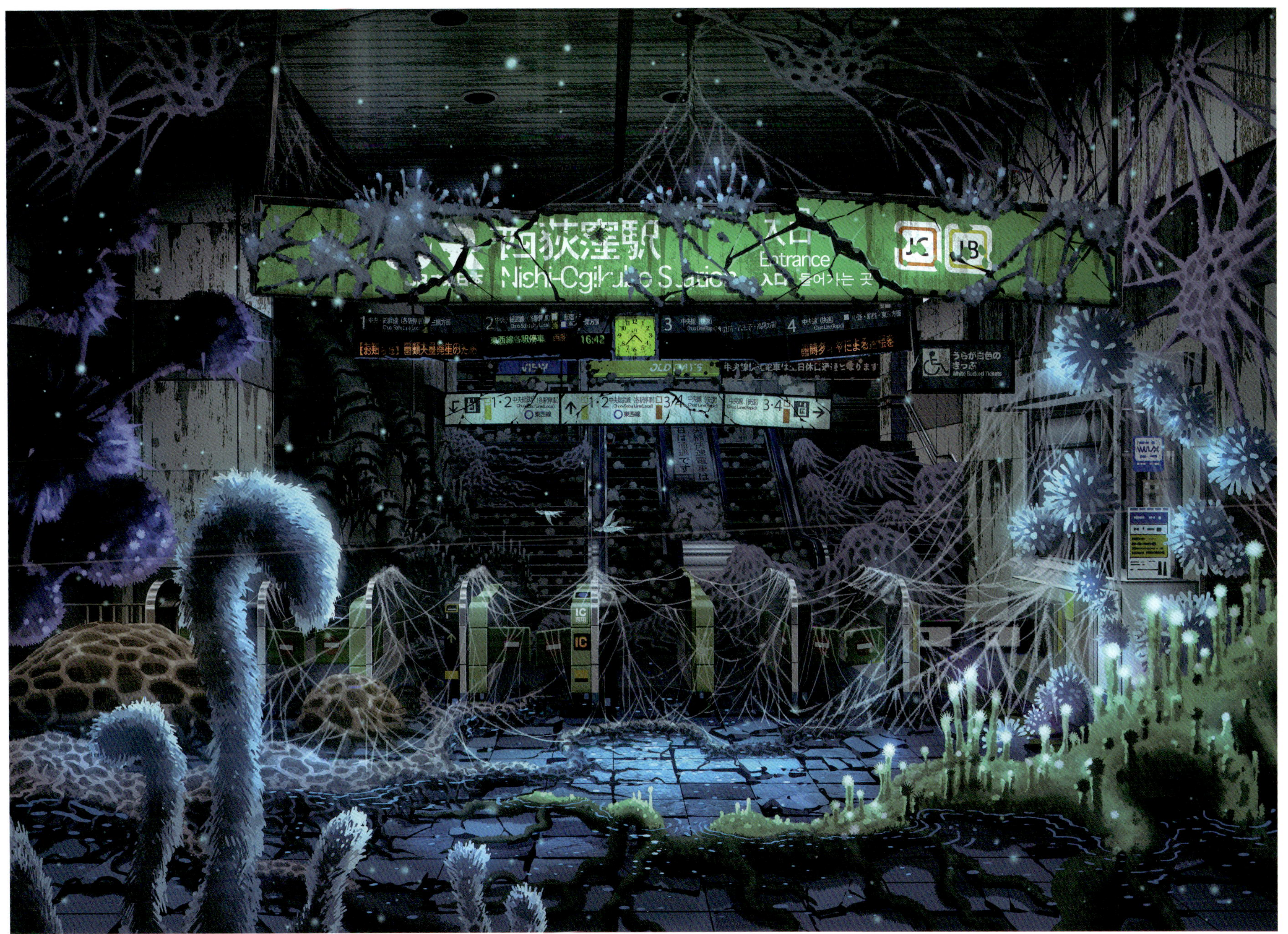
西荻窪駅
Nishi-Ogikubo Station
入口
Entrance
入口 들어가는 곳
JK JB
うらが白色の
きっぷ
White Backed Tickets

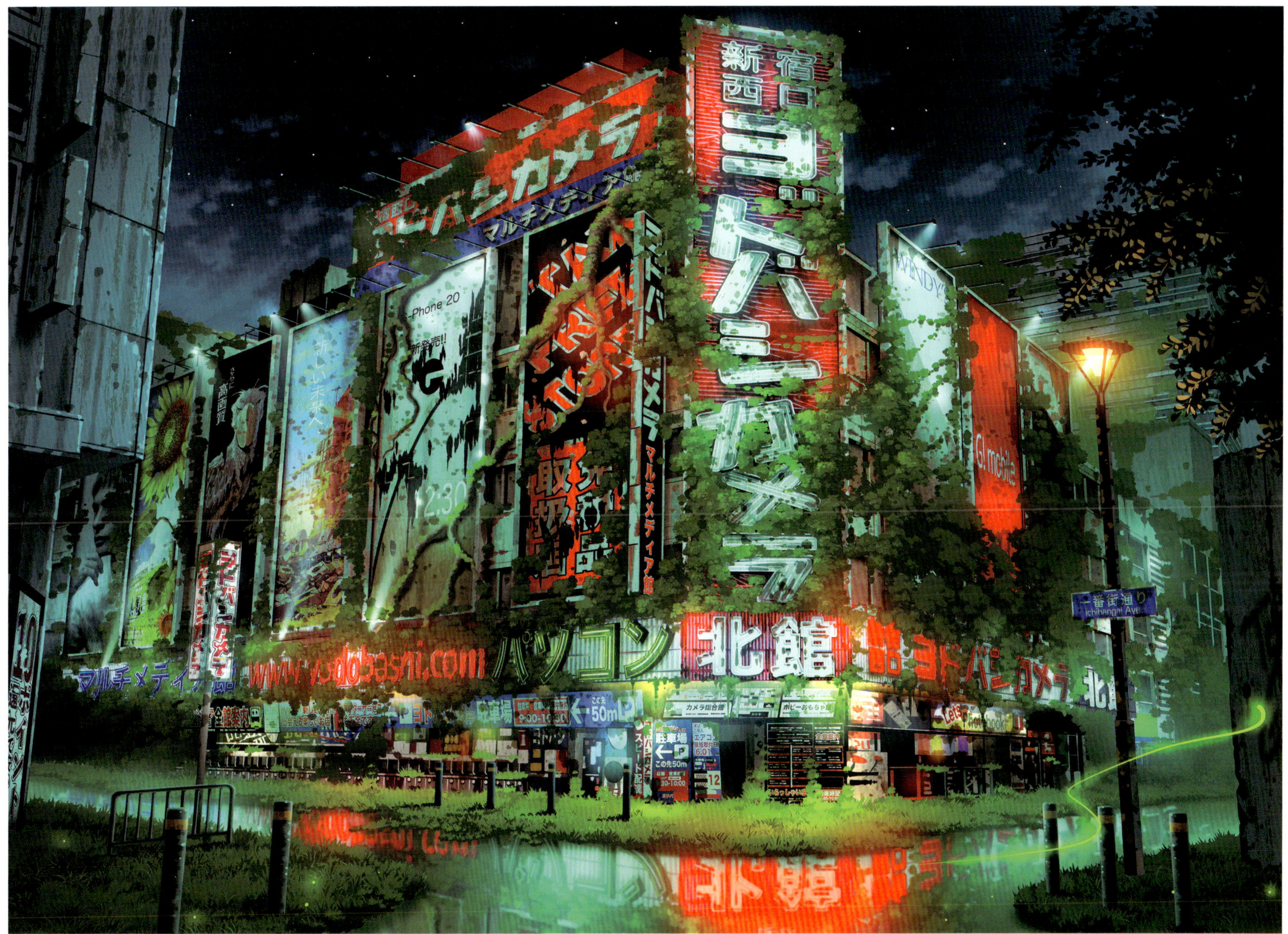

ビックカメラ
マルチメディア
新宿西口
ヨドバシカメラ
WINDY
GI mobile
iPhone 20
新発売!!
高画質
カメラ
マルチメディア館
www.yodobashi.com
パソコン 北館
ヨドバシカメラ 北館
一番街通り
Ichibangai Ave
駐車場
この先50m
9:00-10:00
Let's
12

アニメ背景から東京幻想へ──

東 京 幻 想 ✕ 中 座 洋 次 （元草薙代表）

藝大志望からアニメ背景の世界へ

中座◉草薙出身というのは公表してるんだっけ？

幻想◉いや、どうでしょう……今回が初めてかも（笑）。今の草薙のスタッフは何人ぐらいですか？

中座◉6、70人ぐらいって聞いてる。5年前にCygamesの子会社になったけど、アニメの美術背景業界では多い方かもしれないね。

幻想◉僕が入った時は、確か15人ぐらいでした。ずいぶん大きくなりましたよね。

中座◉確か大学出てたよね、何学部だっけ？

幻想◉経済学部です（笑）、しかも国際経済学科という……。

中座◉そもそも、絵をやるきっかけは何だったの？

幻想◉元々絵を描くのは好きで、高校の時に知り合った美術の先生に誘われてアトリエでお手伝いさせてもらったんです。それは短い期間だったけど人生観が変わるくらい衝撃的な経験でした。その余韻もあって、大学4年間も絵画サークルの部長なんかやりながら趣味で描いてましたけど、将来のことはまだ考えられなくて。結局まともに就職活動もせず、卒業となった時にようやく本気で画家を目指そうと決めて、東京藝大油画科を受験し直すことにしました。

中座◉そこで初めて本格的に絵を勉強しようと思ったんだ。

幻想◉そうですね、現役の高校生たちに混じって美術予備校に通いましたよ。デッサンや油絵を2年学んだけど、やはり藝大の壁は厚かった、2回とも二次試験に

落ちました。もうダメかなって思うぐらい落ち込んで。そんな時、親からいい加減に就職しろって言われて……少しでも絵に関係する職業を探していたら、イラスト制作っていう求人に目が留まった。

中座◉当時は専門学校からの採用が多かったから、大卒で応募してくる人は珍しかったな。今の知名度に比べると、当時のアニメ背景は縁の下の地味な世界だったし、給料も特別高いわけではないし、繁忙期は労働

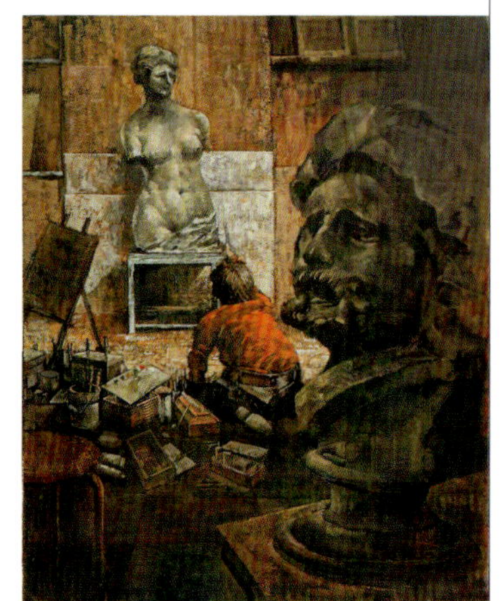

予備校時代の油彩画

時間も長かったから。なかなか厳しい世界だよ、というのは面接でもかなり言ったと思う。

幻想◉それ言われました。2003年頃でしたけど、そもそもなんの会社かも知らずに面接に行きました。草薙って社名が硬いし、下町の硬派な人たちがやってる工務店みたいな雰囲気かなと思って、恐る恐るデッサンや油絵を一通り送ったのを覚えています。

中座◉どんな絵を送って来たのか覚えてる？

幻想◉当時から古くて寂れたものが好きで、油絵で東南アジアのひなびた風景や、朽ち果てたトゥクトゥク、苔むした遺跡なんかを描いてたんですよ。そうしたら、面接の時に社長といた須江さん（現草薙代表）が、「いいよね、なんか語

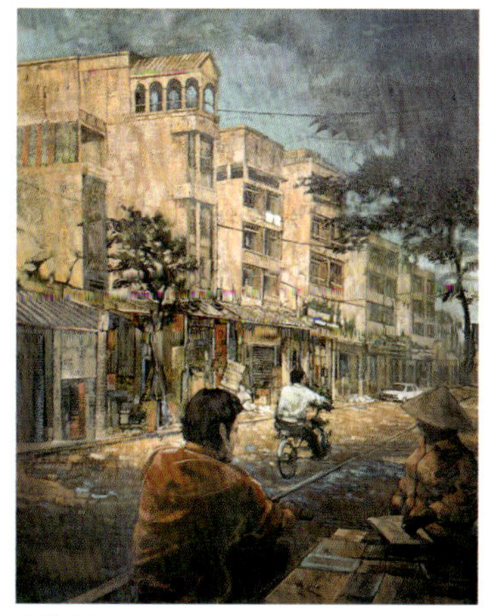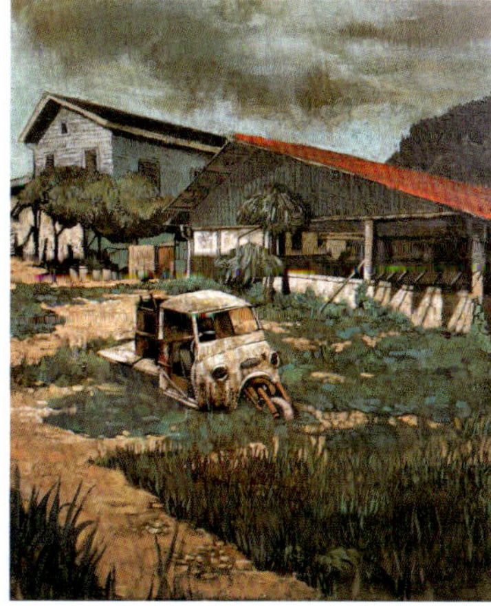

大学時代にバックパッカーをしながら描いた油彩画

りかけてくるような感じで、僕こういうの好きだよ」って言ってくれて。

中座◉よく覚えてるね。面接官は二人だったけど、作品を見るのは今の草薙の社長の須江の役割だった。

幻想◉その時に初めて「サザエさん」のオープニングの背景画を見せてもらいました。うちはこういうのをやってるんだよって。その時は本当にびっくりしましたね。アニメって本当に人が作っているんだなって（笑）。そして、それと同時にその色彩の鮮やかさにも驚きました。

中座◉サザエさんは、僕が最初に入ったエイケンという会社が制作しているんだけど、退社後もオープニングの背景画だけはしばらく草薙が担当していたんだよね。

幻想◉何の絵の具を使っているのかもわからないまま、直感的にこれは絶対にやりたいと思いました。

中座◉あの頃の背景の描き方としては、まず画用紙を水で湿らせて、乾かないうちにポスターカラーで様々なグラデーションを作っていく。空や雲、建物の陰影とか。乾いたら細部の描き込みに入る。まだデジタルの技術が入る前だったから、修正が効かない一発勝負の側面もあったよね。まさに職人技というか。

幻想◉出社したらまず筆洗器に水を入れて仕事が始まるなんて、こんな幸せな社会人生活はないなと。最初の1ヶ月は研修期間で、ベテランの人たちの描き方を見せてもらったり、模写をしたりして過ごしました。

中座◉手描きは覚えたり慣れるのに相当時間がかかるからね。筆の使い方から描く順番、絵のタイプごとの技法、仕上げ方法まで、新人には先輩の仕事を真似するところからセオリーを教え込んだ。

幻想◉使う色は2、3色以上混ぜないとか。美術予備校では、色が混ざったグレーっぽい濁ったような暗い絵をずっと描かされていて、それがよしとされていたから新鮮でした。

中座◉あまり混ぜると色がくすんでテレビ向きじゃなくなっちゃう。あとはキャラクターの色が派手なんで、背景も少し色が鮮やかなほうがいいんだよね。

幻想◉初めて関わった仕事は「鋼の錬金術師」の第1期でしたけど、上から見たエドとアルが寝転がってる芝生がずっと描けなくて辛かった。締め切りがあるから悩んでられないし。

中座◉でも、このシーンの背景は自分が描いたよって言えるのはけっこう感動したでしょ。30分アニメだと300枚ぐらいの背景があるから、そのうち1シーンを担当すれば20秒ぐらいかな。

幻想◉そうですね。それにエンドロールに名前が出たのもうれしくて、親戚中に電話しました（笑）。

中座◉わかる。一瞬だけど下っ端でもちゃんと名前が出るんだよね。

幻想◉自分の絵にキャラクターが載ったりすると全然違うように見えたりして。それが面白くて、放映があるたびに、ここはこういう感じに描けばいいんだって勉強になりました。それにキャラクターが載ったりすると、一生懸命に描いたところが映らないから描かなくていいところがあることにも気づく。アニメ背景の独特なところですよね。

中座◉描けば描くほど覚えるし、経験でやりやすくなるところもある。まぁ何の仕事でもそうだろうけど。

幻想◉新人だと1枚にたくさん時間をかけて一生懸命描いちゃいますね。絵の具の使用量もベテランの人は少なくて済む。あとは先輩を見てると、いかに描かないで空間を見せられるかが、背景美術の真骨頂だと思いました。

手描きからデジタルへ

幻想◉最初は手こずりましたけど、3年くらいやればある程度のシーンがそれなりに描けるようになったと思います。日本モノ、西洋モノ、歴史モノ、ファンタジーモノ、あと学園モノで体育館とか廊下とか、自分の好き嫌いは関係なくなんでも描かされる。仕事だから当然なんだけど。そんな中で少しずつ自分の得意分野が見えてきて、僕の場合は自然とか、戦闘シーンで壊れた建物とか。美術監督はそれを分かっているから、得意なシーンが来たら任せてくれるわけです。

中座●得意な人に描き慣れたシーンを渡したほうが効率もいいから、そういう判断になるよね。

幻想●一方でアニメはスタッフに個性を求められない。むしろ、個性はあっちゃいけないような世界。みんなのタッチが揃わないと、一つのアニメとしては成り立たないから。

中座●そのために美術監督が「ボード」と呼ばれる色見本を描いて、それにスタッフが合わせて描いていく。青で描くべきところを僕は美しい紫で描きましたってなると、違うから直してってなるよね。

幻想●今は完全にデジタルになりましたけど、僕が入った時に Photoshop を使える人は2、3人でした。と言っても手描きのスキャンデータを加工する程度でしたからね。同期に初めてデジタル専任という人がいました。

中座●そう、彼女は最初に採用したデジタル専任のスタッフだった。

幻想●会社全体がデジタルに移行するのに2、3年かかりましたよね。僕は入って3年目ぐらいだったと思います。

中座●草薙には何年在籍してたんだっけ？

幻想●9年間ぐらいです。

中座●じゃあデジタルのほうが長いんだ。

幻想●僕はそうですね。特に何十年もやってきたベテランの人がいきなりデジタルというのは難しそうでした。

中座●最初は慣れるまでが大変だったよね。やればやるほど素材も増えて効率はよくなるけど。

幻想●みなさん手描きのプライドがありましたからね。パソコンは一人一台与えられたけど、みんなポスターカラーがずっと置いてあった。

中座●逆に20代の若いスタッフは比較的慣れるのが早かった。

幻想●面白かったのは、手描きの時代はデジタルで描いたようなきっちりと淀みない絵が重宝されてたけど、デジタルになるとわざわざ手描き風にしたがること。

CGっぽいものは敬遠されるんですよね。

中座●デジタルなのに、にじみとか染みをうまく出してたりね。今、テレビで放映されてるのを見ると、手描きをスキャンしてるかのような描き方をしてたりする。

幻想●そこが人間の目には優しいというか、受け入れやすいのかな。

中座●撮影の段階でキャラクターにピントを合わせて背景を意図的にぼかすこともある。どんなにきめ細かく描いて納品しても、仕上がった映像を見るとボケて何にも見えなかったってこともよくある。最終的な判断をするのは監督だから仕方ないけどね。

幻想●そうそう、背景をやっている身としては、ちょっともどかしい部分でもあるんですよね。

ムードメーカーとして貢献

中座●僕は経営がメインで、美術の仕事に関しては担当者を信頼して任せる主義だったから仕事の余計な口出しはしなかったと思うけど、社員旅行とか忘年会とかは楽しい思い出ばかりだね。

幻想●そう、草薙といえば海外旅行！　当時のアニメ業界では珍しいことだったんじゃないですか？

中座●社員には若いうちに海外旅行を経験してほしいと思って。我々は言ってみれば「風景」を扱う仕事だからね、いろんな世界の風景を見てほしい。それに一度パスポートを取れば、その後は自分で行きたいところに行く機会もあると思っていたから。

幻想●僕は元々海外旅行に一人でよく行ってたし、慣れもあったから率先して手伝っていました。

中座●君には情報を色々聞いたり、段取りしてもらったり、助けてもらった。

幻想●僕が在籍した時はハワイ、オーストラリア、中国。2

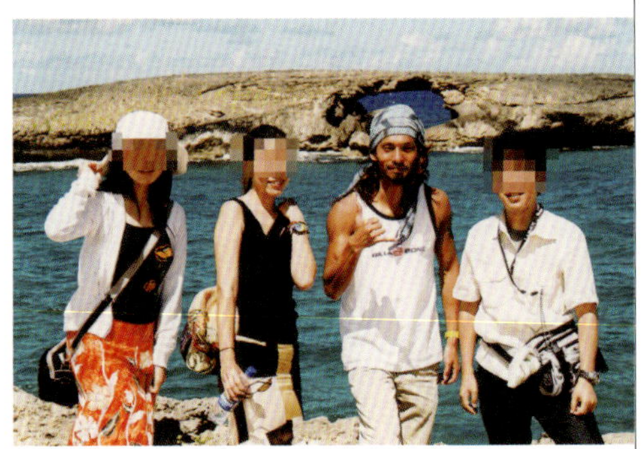
草薙での社員旅行の様子（ハワイ）

年に1度ぐらいは行っていましたよね。当時は人数もまだ多くなかったから可能だったのかな。

中座●1週間ぐらい一斉に会社を休まなきゃいけないんで。27人ぐらいまでは連れて行けたかな。それ以上になったら行きたくないっていうスタッフも出てきて、説得するのも面倒くさくなって止めたんだよ（笑）。

幻想●草薙は絵の上手い人が超いっぱいいるから到底かなわない。自分の役割としては会社を盛り上げることくらいかなって思っていました。

中座●そういう意味で仕事以外の会話は多かった。アニメの制作会社が1つの番組や映画の制作が終わると、声優さんはもちろん、制作に関わったすべてのスタッフを呼んで打ち上げパーティーをやる。規模は居酒屋レベルからホテルの大会場まで様々だけど、そこにも率先して参加していろんな人と気さくに話してたよね。

幻想●あれは楽しかったですね！

中座●打ち上げに行きたがらないスタッフもいたけど、一人で行くのもなぁと思った時に誘うと必ず来てくれた（笑）。

幻想●全然関わってないアニメにもよくついていきましたよ（笑）、仕事そっちのけで。

中座●今は新型コロナの影響もあってほとんどやらなくなったみたいだけど。

幻想●盛り上げ隊長だったから、会社の忘年会なんかも本気を出して、女装したり、今年はコスプレ忘年会やりますって言って、みんなになんかやらせたり。僕が司会でマイク持ってやってましたね。

中座●会社の地下にあったライブハウスを貸し切ってやったよね。君はムードメーカーだった

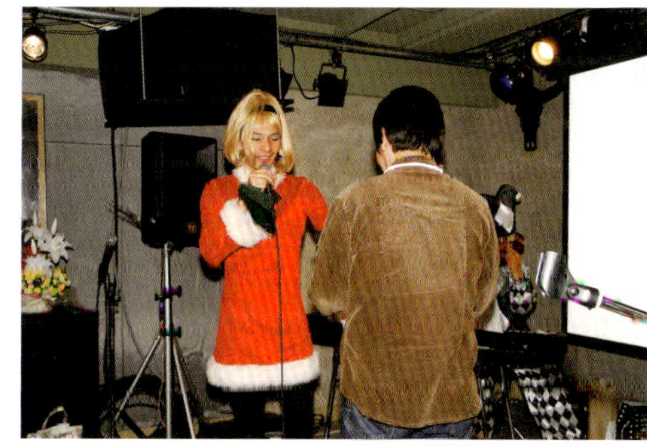

忘年会での司会の様子

し、後輩の面倒見もよかったし、いろんな意味で重要人物ではあったよ（笑）。

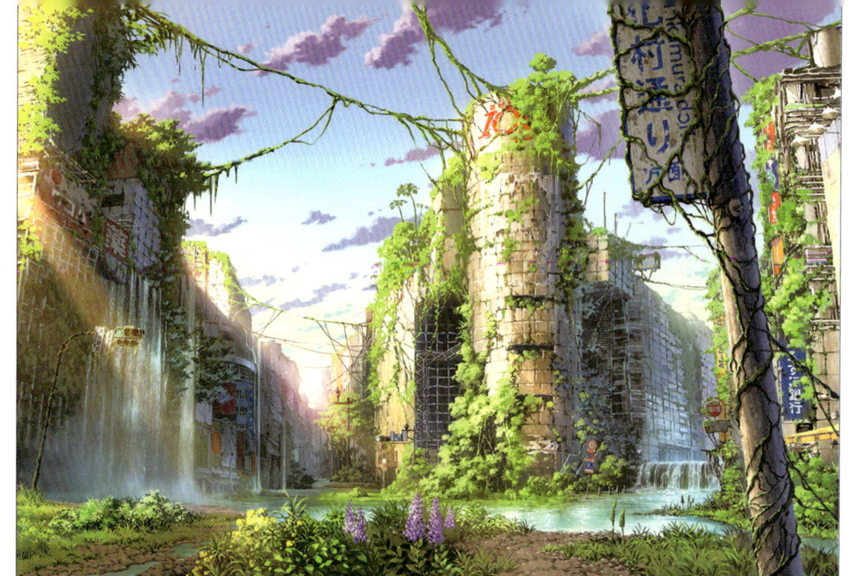

《渋谷109幻想》

アニメ背景から東京幻想へ

中座●在籍中から東京幻想の絵は描いてたよね。どういう経緯だったの？

幻想●会社に入って5、6年経った頃からですかね、元々画家に憧れていた部分がだんだん芽生え始めて。自分のオリジナル作品をコミケやコミティアによく出してる後輩がいて、話を聞くとpixivっていうイラスト投稿サイトを教えてくれたんです。じゃあ投稿してみようかって、何となく最初に描いたのが渋谷109の絵だったんです。東京幻想というネームもその時考えました。それが2008年5月頃でしたけど、もちろん草薙に在籍中なんで全然ペースが上がらなくて。

中座●基本忙しいからね。内心よくやる時間があったなって。

幻想●藝大受験を失敗した時の辛さを考えると、絵を描く情熱はまだあったので、家に帰ってから月1枚2枚ペースですね。最初は趣味でしたけど、個人的に仕事の依頼も来てどうしようか悩んだ時期もありました。

中座●スタッフが自分の時間に好きな絵を描いてSNSなんかで発表するのはいいけど、会社以外での副業は当然困る。

幻想●そうなんですよね。

中座●そんな頃に、草薙にゲーム背景の発注で東京幻想っぽく描いてくださいってきた。

幻想●それを他のスタッフが気づいて社長にバレたんですよ（笑）。これ君の絵

だよねって。とうとう来たか！　と思いました。その時社長が僕に何て言ったか覚えてます？「草薙の仕事として東京幻想をやってみる？」って提案だったんですよ。うれしかったですね。今でもそれは覚えています。ただ、そもそも自分にはこの先10年、20年とこのアニメ業界でやっていけるのか疑問でした。好きこそ物の上手なれっていう根本的な部分ですよね。アニメ愛っていうのかな、そういう何か強い情熱が自分には足りないような気がしていました。

中座◉アニメーションは総合芸術なんだよね。プロデューサー、制作進行、監督、脚本、演出、声優、アニメーター、キャラデザイン、色彩設定、音響、撮影……その中の一つが背景で。大勢の人と巨額の予算で成り立っているから、そこに自分が関われて、信頼を得ることができたら背景マンとしてそれ以上の喜びはないよね。でも、最初から最後まで一人で完結できる作品を持ちたいと思ったら、その表現欲求は止められないかもしれないね。

幻想◉ただ、辞めたからといって「東京幻想」だけで生活が成り立つわけもなく、結局、最初の頃は草薙から外注として仕事も定期的にもらっていたし、いまでも背景の仕事はメインになってますね。

中座◉経営者としては、円満退社が重要なんだけど、君の場合は当時任せていた仕事は最後まで手を抜かずやってくれたよね。

幻想◉半年ぐらいは残りました。

中座◉仕事を途中で投げ出していきなり辞めちゃう人もいる。そういう意味では律義で義理堅い、一番いい辞め方の例として印象深い。

幻想◉僕が辞めた頃は会社もずいぶん大きくなって、スタッフの入れ替わりも多かった記憶があります。アニメ業界自体は好調ですよね。

中座◉そう、ここ数年でも相当アニメ業界が様変わりして背景の注目度が高くなった。「鬼滅の刃」や「進撃の巨人」が大ヒットしたおかげもあってうちの応募者はずっと増え続けているみたいだよ。テレビ放映されるアニメ番組が、週に70、80タイトルもあるのに、何年先まで仕事が埋まってるアニメ制作会社があっちこっちにある。アニメ映画も毎年公開していて、軒並みヒットしている作品も多いので、興行収入の年間ベストにアニメが相当入る。映像業界全体が今は上り調子なんじゃないかな。

常識やルールに縛られない絵を

中座◉クリエイターも個人が発信しやすい時代になったよね。SNSを見ると、アニメの背景のような絵を発信している人をよく見るようになった。

幻想◉今は「背景系」と呼ばれるアーティストは増えましたよね。僕は本当にpixivの初期の頃だったし、それで運よく目立てたっていうのもあります。

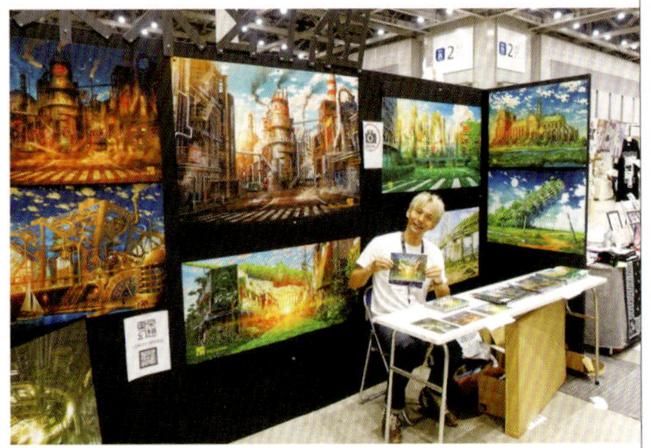

デザインフェスタでの展示風景

中座◉魅力的なキャラが描けて、背景も高クオリティというのが一番評価されそうだけど。

幻想◉確かに、メインキャラの背景に広がる世界が存分に描き込まれていれば画面に説得力が出ますよね。よくバズっているのを見ます。1枚の絵として世界観に没入できるんでしょうね。背景出身の作家だとしたら、見る人が自己投影できるアバターのような存在として人物を描いているケースが多いのかな。僕はもともと純粋に「風景」を描きたいから人間は描かない。というか描けない（笑）。

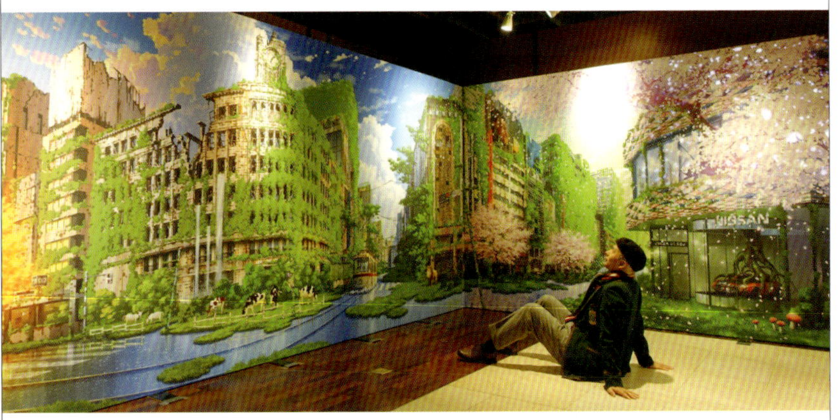

有楽町マルイでの展示風景

最近は作品の中に動物や隠れキャラを遊びで入れることがあるけど、基本的にこれからも風景メインでやっていくんでしょうね。

中座●普通、廃墟風景は戦争や災害をイメージして悲しい気持ちになるけど、君の絵は廃墟なのに悲惨に見えないのがカラーだよね。色の使い方もあって心穏やかな気持ちになるのが救い。独特のユーモアもあるし。

幻想●絵は自分の理想を描くものかなって。風景ならこうなってほしいという。何かの記事で、鳥山明先生は小さい頃、欲しいものを全部絵に描いていたって書いてありました。やはり願望じゃないかなって思うわけです。人がいなくなってしまえばいいとは思わないけど、もしかしたら自分の内面の深いところにそういう部分があるのかもしれない。現実の中で積み上げられた常識やルールが崩壊して、いったんゼロになった時の爽快感、解放感を求めているのかなと思います。

中座●作品集にまとまったものを見るとこれまでけっこうな量を描いてきたよね。シチュエーションも工夫して。

幻想●そりゃ、もう毎回頭を抱えて捻り出してますもん（笑）。

中座●クライアントワークもあるね。

幻想●オリジナルでやってると、好きなものしか描かなくていいからずっと一緒になっちゃう。クライアント案件は制約や無茶な要望があるけど、それも一つの挑戦として捉えるようになりました。《上野駅幻想　桜》（110頁）は上野での展示に合わせて描いたんですけど、僕の人生でこんなにパンダを描く予定はなかったんですよ（笑）。でも、それでみんなに喜んでもらえるから、そういったきっかけで自分の新しい扉が開いて世界が広がることもあります。そのたびに成長できるから必要なことですよね。いい意味でファンを裏切り続けられたらなと思います。

中座●何かしら違うことも試したくなるのは、クリエイター

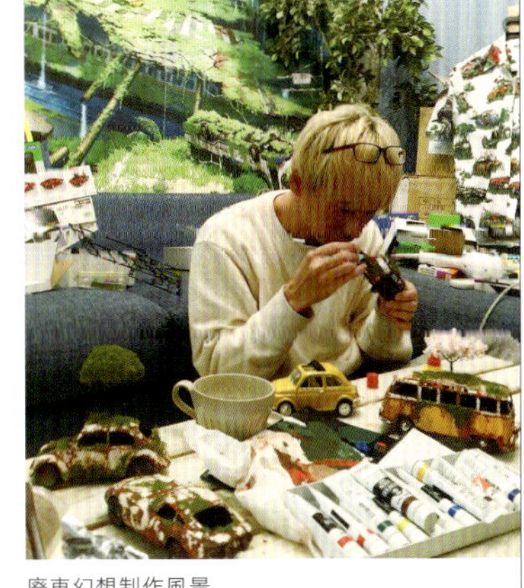

廃車幻想制作風景

の性だと思う。草薙出身の個人クリエイターとして一番の出世頭だから、これからの活躍も大いに期待しているよ。

幻想●ありがとうございます。草薙の名に恥じないように頑張ります（笑）。

（2022年5月11日　芸術新聞社にて）

中座洋次（なかざ・ようじ）

1960年生まれ。81年「サザエさん」のエイケン退社後フリーに。90年株式会社草薙設立。2016年6月2日付ソーシャルゲーム大手のCygamesの完全子会社。20年取締役退任。主な参加作品は「キャプテン」「サザエさん」（エイケン時代）、「AKIRA」「火垂るの墓」（フリー時代）、「鋼の錬金術師」「ガンダム00」「ゲームぼくのなつやすみ」シリーズ（草薙時代）他多数。

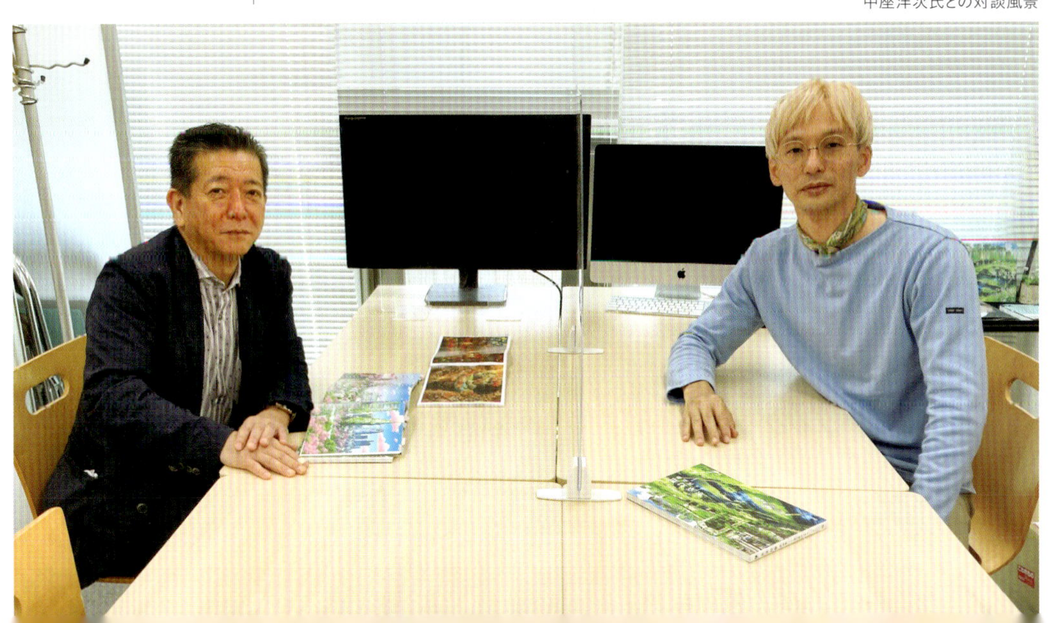

中座洋次氏との対談風景

東京幻想 （とうきょう げんそう）

2008年5月	活動開始
2009年4月〜11年3月	月刊「リベラルタイム」表紙担当（毎月）
2010年6月	米映画「ザ・ウォーカー」国内ポスターメインビジュアル制作（角川映画）
2011年9月	堂珍嘉邦（CHEMISTRY）主演舞台『醒めながら見る夢』背景イラスト制作
2012年1月〜	フリーペーパー「R25」誌上にて「辻仁成×東京幻想」コラボ不定期連載開始
2014年11月	『東京幻想 ART BOOK』発売（宝島社）
2020年1月	「東京幻想 VR」（全4タイトル）発売（VirtualArts）
2020年5月	『東京幻想作品集』（芸術新聞社）発売
2020年11月	「東京幻想ジグゾーパズル」（全11種）発売（エンスカイ）
2020年12月	「東京幻想2021」展（有楽町マルイ：VISION8）
2021年4月	「東京幻想2021-spring-」展（新宿マルイアネックス：VISION8）
2021年5月	「東京幻想作品」展（丸善丸の内本店ギャラリー：芸術新聞社）
2021年10月	「東京幻想2021×ゴッホ」展（上野マルイ：VISION8）
2022年3月	「東京幻想2022-SAKURA-」展（上野マルイ：VISION8）
2022年6月	Shin Arts×手塚治虫キャラクターズ〜Acrylic arts by Illustrations〜（Shin Arts）

その他、国内外の雑誌、新聞、TV、ネットメディア等、出演＆掲載多数。現在は主にゲーム背景制作を中心に活動中。

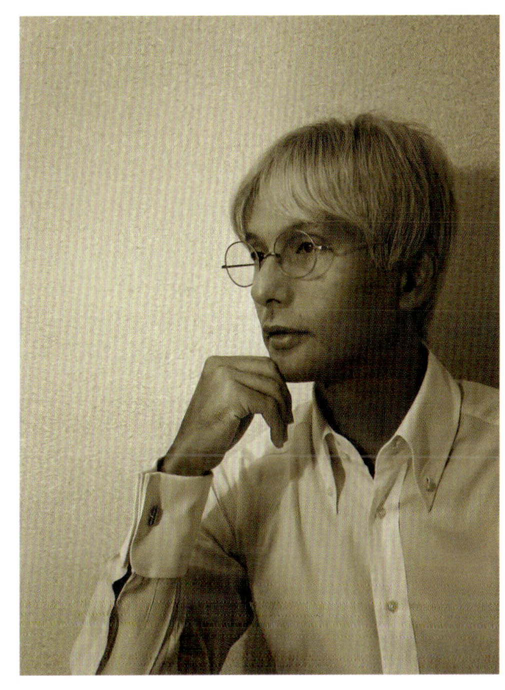

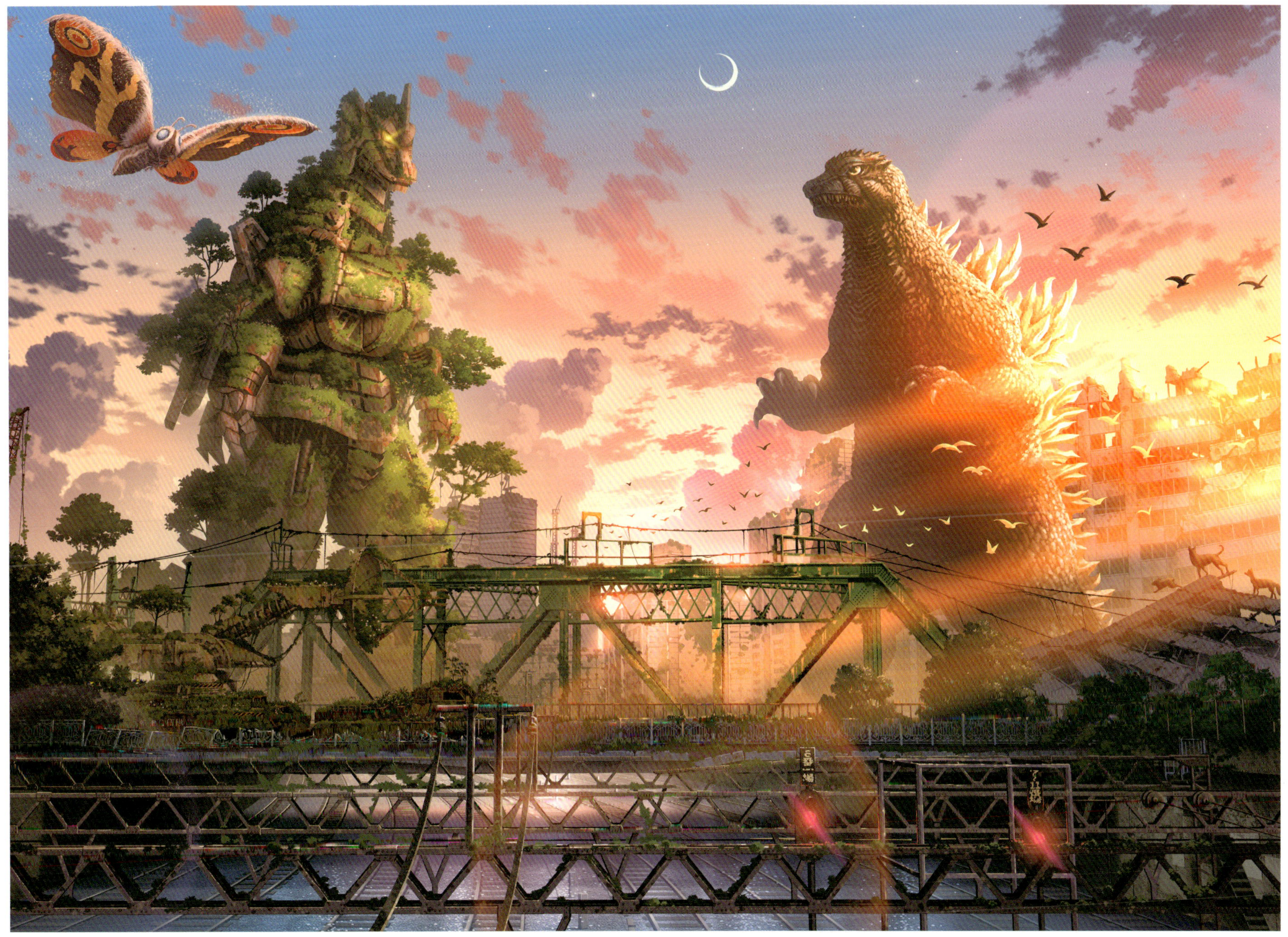

東 京 幻 想 作 品 集 Ⅱ

2022年　8月10日　　初版第1刷発行
2024年　5月20日　　　第4刷発行

著者 —————— 東京幻想
監修 —————— 芸術新聞社

発行者 ————— 相澤正夫
発行所 ————— 芸術新聞社
　　　　　　　　〒101-0052
　　　　　　　　東京都千代田区神田小川町2-3-12 神田小川町ビル
　　　　　　　　TEL 03-5280-9081（販売課）
　　　　　　　　FAX 03-5280-9088
　　　　　　　　URL http://www.gei-shin.co.jp

印刷・製本 ——— シナノ印刷
デザイン ————— 美柑和俊＋塚本亜由美（MIKAN-DESIGN）
撮影協力 ————— 川本聖哉

TOKYO GENSO ART WORKS Ⅱ

Geijutsu Shinbunsha Inc.
Kanda Ogawamachi Building, 2-3-12 Kanda Ogawamachi,
Chiyoda-ku, Tokyo 101-0052, Japan
URL http://www.gei-shin.co.jp

ISBN978-4-87586-705-0 (Outside Japan)